目で見て、誰でもすぐにわかる！

中学英語で
かんたん英会話

Iguchi Noriko
井口紀子 著

永岡書店

はじめに

「英会話なんて簡単」― この本の基本となる考え方はズバリ、これです。

今までに本、テープ、ビデオなど、様々な方法で英語をマスターするための努力をしたのに、あまり上達しない、という方も多いことでしょう。英語を話すことは、それほど難しいのでしょうか？ 基本的な会話についていえば、答は「ノー」です。

海外旅行や日常生活での一般的な会話は、実は私たち皆が過去に習った、中学校で学ぶ英語の力があれば充分なのです。中学校の3年間に登場する英語は、日常会話に欠かすことのできない重要なアイテムばかりです。この基本ポイントをきちんと押さえれば、応用によって会話の範囲が大きく広がり、「英会話なんて簡単」という自信が生まれます。

そこで、シンプルなイラストを活用して、重要なポイントを理屈ではなく、ビジュアルで感覚的に理解できるようにした「英会話なんて中学英語。カンタンじゃん！」をハンディな文庫サイズにリニューアル。
「イラストを見る」―「説明を読む」―「例文を声に出して読んでみる」、の3つを繰り返すことにより、イラストのイメージと音のリズムを頭に残し、英文をマスターしていく…という斬新な展開はそのままに、より日常生活に沿ったかたちにコラムを全面改稿、パワーアップしました。

この本を読み終える頃には、あなたはシンプルな英語を使いこなし、自信を持って会話ができるようになっているはずです。

さあ、始めましょう！

目 次

第1章 ● be動詞からはじめよう

LESSON 1 be動詞は「イコール（=）」動詞 10

LESSON 2 be動詞の基本はam、is、are 14

LESSON 3 これは何？
Whatの使い方 18

LESSON 4 僕のもの、私のもの
持ち主を表す 22

LESSON 5 この人は誰？
Whoの使い方 26

LESSON 6 誰のもの？
Whoseの使い方 28

LESSON 7 どこにあるの？
Whereの使い方 30

LESSON 8 「ある／ない」を言うのもbe動詞
There is（are）〜 34

LESSON 9 数えられない名詞 38

LESSON 10 どうやって？、どれぐらい？
Howの使い方 40

Column 1：電話を受けたときは？① 44

第2章 ● 一般動詞を使いこなそう

LESSON 1 一般動詞のルールを覚えよう 46

LESSON 2	主な動詞のイメージをとらえよう（1） HAVE, GET, DO	50
LESSON 3	主な動詞のイメージをとらえよう（2） COME, GO	54
LESSON 4	主な動詞のイメージをとらえよう（3） GIVE, TAKE	56
LESSON 5	主な動詞のイメージをとらえよう（4） MAKE	58
LESSON 6	主な動詞のイメージをとらえよう（5） LOOK, SEE, WATCH	62
LESSON 7	主な動詞のイメージをとらえよう（6） HEAR, LISTEN	66
LESSON 8	主な動詞のイメージをとらえよう（7） SPEAK, TALK, SAY, TELL	68
LESSON 9	the の使い方	72
Column 2：電話を受けたときは？②		74

第3章 ● 英語の「現在」、「過去」、「未来」をマスターしよう

LESSON 1	英語は「時」をはっきり示す	76
LESSON 2	「今、～している」は現在進行形	78
LESSON 3	「～だった」は過去形 be動詞の過去形	82
LESSON 4	「～した」は過去形 一般動詞の過去形	86

LESSON 5	「〜だろう、〜するつもりだ」は未来形	90
LESSON 6	いつ？ Whenの使い方	96
LESSON 7	なぜ？ Whyの使い方	100
REVIEW	疑問詞のまとめ	104
Column 3：ビジネスメールの書き方①		106

第4章 ● 助動詞ひとつで英語の世界がグ〜ンと広がる

LESSON 1	助動詞の共通ルール	108
LESSON 2	助動詞canを使いこなそう	110
LESSON 3	助動詞willを使いこなそう	116
LESSON 4	助動詞mayを使いこなそう	118
LESSON 5	助動詞mustを使いこなそう	120
LESSON 6	助動詞shall、shouldを使いこなそう	124
REVIEW	ひと目でわかる、助動詞の意味と使い方	126
Column 4：ビジネスメールの書き方②		128

第5章 ● 前置詞もイメージで攻略！

LESSON 1	前置詞は「接着剤」	130
LESSON 2	位置を表す前置詞	132
LESSON 3	方向性を表す前置詞	138
Column 5：丁寧な頼み方		144

第6章 ● これを覚えてステップアップ

LESSON 1	「〜しなさい」の命令文	146
LESSON 2	比べてみよう 比較級と最上級	150
LESSON 3	「〜される」側から言う 受動態	156
LESSON 4	現在につながる過去（1） 現在完了、「継続」と「経験」	160
LESSON 5	現在につながる過去（2） 現在完了、「完了」と「結果」	164
LESSON 6	3つの表現をする不定詞	168
LESSON 7	+ingで、動詞が名詞に変わる 動名詞	172
Column 6：世間話で使えるひと言①		174

第7章 ● 2つの文をつないで話そう

LESSON 1	2つの文を結ぶ 関係代名詞	176
LESSON 2	誰かのセリフを伝えよう	184
LESSON 3	「〜するとき」はwhen	188
LESSON 4	「もし〜だったら」はifで	190
REVIEW	2つの文をつないで話そう	192
Column 7：世間話で使えるひと言②		194

第8章 ● 微妙なニュアンスもこれで話せる

LESSON 1	感覚を表現しよう	196
LESSON 2	頻度と可能性を表現しよう	198
LESSON 3	驚いたときの感嘆文	200
LESSON 4	some-、any-、every-、no- の単語	204
Column 8：グリーティングカードの書き方		208

第9章 ● さあ、英語で話してみよう

1. Immigration 入国審査 210
2. Baggage Claim 荷物受け取り 211
3. Hotel（1）ホテルで（1）......212
4. Hotel（2）ホテルで（2）......213
5. Calling a Friend 友達に電話をかける 214
6. Calling for Business 仕事の電話をかける 215
7. Buying a Theater Ticket 劇場のチケットを買う 216
8. Asking Directions（1）道をたずねる（1）......217
9. Asking Directions（2）道をたずねる（2）......219
10. Shopping（1）買い物をする（1）......220
11. Shopping（2）買い物をする（2）......221
12. Restaurant レストランで 222
13. Clinic 診療所で 223

第1章

be動詞からはじめよう

LESSON 1 be動詞は「イコール（＝）」動詞

英語の動詞は、be動詞とそれ以外の動詞（一般動詞）の2つに大きく分けられます。be動詞は使える範囲がとても広いので、これから使い方をひとつずつ思い出していけば、第1章を終える頃にはとてもたくさんのことが英語で言えるようになっているはずです。さあ、始めましょう！

| I **am** a teacher. | 私は教師です。 |
| This **is** a book. | これは本です。 |

be動詞の左と右は同じもの

上の2つは、中学校の英語の授業で最初に出てくるbe動詞を使った文です。懐かしいですね。be動詞は、主語とその後に続く部分を「イコール（＝）」で結ぶ働きをします。

I ＝ a teacher　　　This ＝ a book
私 ＝ 教師　　　　　これ ＝ 本

つまり、be動詞の左と右は同じものだと言っているのです。簡単ですね。これがbe動詞の基本です。

第1章 ● be動詞からはじめよう

否定文は〈be動詞 + not〉

では、be動詞の否定文、「～ではありません」をつくってみましょう。be動詞の後にnotを置きます。

I **am not** a teacher.
私は教師ではありません。
　私 ≠ 教師

This **is not** a book.
これは本ではありません。
　これ ≠ 本

このように、be動詞の後にnotをつけるだけで、肯定文を否定文に変えることができます。

疑問文は主語とbe動詞をひっくり返す

次に、be動詞の疑問文、「～ですか？」はどうなるのでしょう。疑問文は、be動詞を主語の前にもっていき、文の最後に「？」をつけます。会話では語尾を上げて言う（ ↗ ）ことをお忘れなく。

You are a teacher.
あなたは教師です。

Are you a teacher?
あなたは教師ですか？

That is a computer.
あれはコンピューターです。

Is that a computer?
あれはコンピューターですか？

be動詞の疑問文への答え方

Is he a doctor?
彼は医者ですか?

このように聞かれたら、基本的な答え方は、

Yes, he is.
はい、そうです。

No, he isn't.
いいえ、ちがいます。

となります。この答は、Yes, he is a doctor. / No, he isn't a doctor.のa doctorを省略して短くした形です。また、isn'tはis notの短縮形です。

英語は短縮形が好き

is not を isn't と短縮するように、英語には短縮形がたくさんあります。be 動詞を使った短縮形には、次のものがあります。

I am ~	→ I'm ~	私は〜です
You are ~	→ You're ~	あなたは〜です
They are ~	→ They're ~	彼らは（それらは）〜です
He is ／ She is ~	→ He's ／ She's ~	彼は／彼女は〜です
It is ~	→ It's ~	それは〜です
are not ~	→ aren't ~	〜ではないです
is not ~	→ isn't ~	〜ではないです

「ひとつ」の名詞の前には a か an をつける

英語では、数えられる名詞でひとつのものを言うときには、前に a か an をつけます。これを冠詞といいます。an を使うのは、後に続く単語が母音で始まる場合だけです。たとえば、

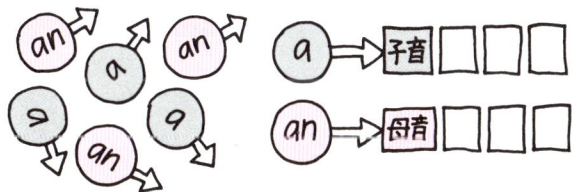

an American、an apple、an egg、an umbrella、an office などです。

LESSON 2 be動詞の基本はam、is、are

be動詞の現在形にはam、are、isの3つがあり、主語が何であるかによって動詞の形が変わります。少し複雑にみえるかもしれませんが、英語では主語によって形が変わる動詞は全体のほんの一部ですから、ここでしっかり覚えましょう。

---

be動詞の選び方
- 主語がIのときは **am**
- 主語がYouか複数のときは **are**
- 主語がI、You以外でひとつのもののときは **is**

be動詞は主語で決まる

be動詞の現在形には、am、is、areの3つがあり、このうちどれを使うかは主語によって決まります。

I　　（私）　　　　　　　　　┐－ am

We　　（私たち）
You　　（あなた、あなたたち）
They　　（彼ら、それら）　　　├－ are
These　（これら）
Those　（あれら）

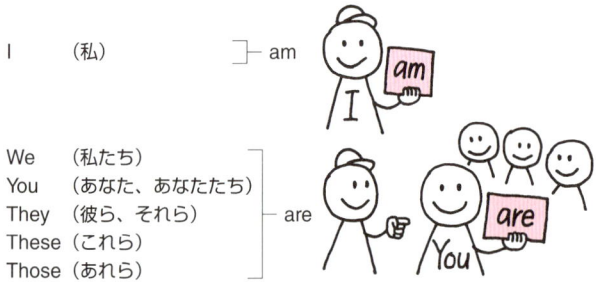

He	（彼）
She	（彼女）
This	（これ）
That	（あれ）
It	（それ）

is

主語とbe動詞の組み合わせ

● 主語が単数のとき

I **am** a nurse.	私は看護師です。
You **are** beautiful.	あなたは美しい。
He **is** nice.	彼は感じがいい。
She **is** busy.	彼女は忙しい。
This **is** a telephone.	これは電話です。
That **is** a dog.	あれは犬です。
It **is** a dictionary.	それは辞書です。

● 主語が複数のとき

We **are** from New York.	私たちはニューヨーク出身です。
You **are** students.	あなたたちは学生です。
They **are** friends.	彼らは友達です。
These **are** new.	これらは新しい。
Those **are** old.	あれらは古い。
They **are** broken.	それらは壊れています。

単数・複数を使い分けよう

英語では、ひとつのもの（単数）を言う場合と、ふたつ以上のもの（複数）をいう場合をはっきり区別します。I、You、Itなど、人やものを指す単語（まとめて「代名詞」と呼びます）には、それぞれ複数形があります。

単数形	複数形
I（私）	→ We（私たち）
You（あなた）	→ You（あなたたち）
He（彼）	→ They（彼ら）
She（彼女）	→ They（彼女たち）
This（これ）	→ These（これら）
That（あれ）	→ Those（あれら）
It（それ）	→ They（それら）

複数の名詞には-sをつける

数えられる名詞でひとつのものを言うときには、前にaかanをつけますが、複数の名詞には最後に-sをつけます。

単数　He **is a** baseball player.
　　　彼は野球選手です。

複数　They **are** baseball player**s**.
　　　彼らは野球選手です。
　　　・be動詞をisからareに
　　　・aをとる
　　　・複数形の-sをつける

疑問文　**Are** they baseball player**s**?
　　　彼らは野球選手ですか？
　　　ー Yes, they are.
　　　　　はい、そうです。
　　　ー No, they aren't.
　　　　　いいえ、違います。

第1章 ● be動詞からはじめよう

ThisとThat、TheseとThoseのイメージをとらえよう

this（これ）とthese（これら）は近くにあるものを指し、thatとthoseは離れたところにあるものを指します。

This is a picture of Mt. Fuji.
これは富士山の写真です。

That is Mt. Fuji.
あれは富士山です。

These are apples.
これらはりんごです。

Those are apple trees.
あれらはりんごの木です。

17

LESSON 3

これは何？
Whatの使い方

「何？」、「誰？」、「いつ？」など、それだけで疑問の意味を表す単語を疑問詞といいます。疑問詞が使いこなせれば、とても広い範囲の質問ができるようになります。まず、「何？」を表すWhatを使ってたずねてみましょう。

What is this?	これは何ですか？
What is your name?	あなたの名前は何ですか？

5W1Hとは？

英語には文の最初に置いて疑問文をつくる疑問詞があります。疑問詞はよく「5W1H」と表現されますが、これはWhat、Who、Where、When、Whyの5つの「W」とHowの「H」を指します。はじめに、「もの」についてたずねる疑問詞Whatの使い方をマスターしましょう。

Whatを使って「もの」をたずねる

Whatは文の最初に置き、〈What＋be動詞＋主語〉の順になります。この形はWhatだけでなく、どの疑問詞でも同じです。

● 例1

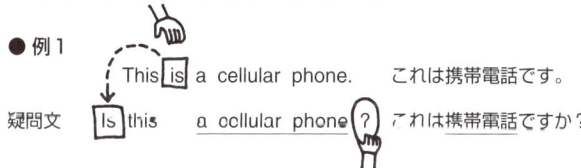

下線部分がわからないときは、Whatに置き換えて文の最初に置きます。

Whatを使った疑問文

　　　　　　What is this?　　　　　これは何ですか？

　〈疑問詞＋be動詞＋主語〉

　　　　－ It's a cellular phone.　　　携帯電話です。

● 例2

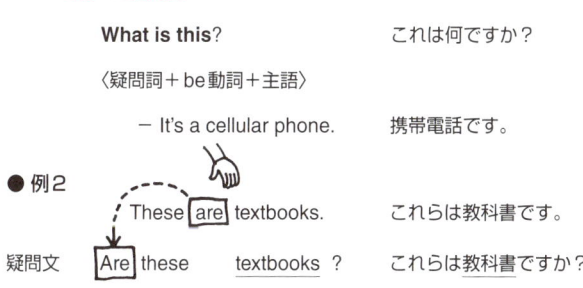

下線部分がわからないときは、Whatに置き換えて文の最初に置きます。

Whatを使った疑問文

　　　　　　What are these?　　　　これらは何ですか？

　〈疑問詞＋be動詞＋主語〉

　　　　－ They are textbooks.　　　　教科書です。

Whatで聞かれたら具体的に答える

Whatで始まる疑問文は「何？」と聞いているので、Yes／Noではなく具体的な情報で答えます。

普通の疑問文

  Are these tennis shoes?
  これらはテニスシューズですか？
  - Yes, they are.／No, they aren't.
   はい、そうです。／いいえ、違います。

Whatを使った疑問文

  What are these?
  これらは何ですか？
  - They are **tennis shoes**.
   テニスシューズです。

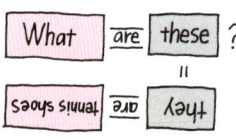

Whatを使って時間をたずねる

What time ~ ? は時間を聞くときの表現です。「今、何時ですか？」の他に、「何時に~するのですか？」と聞くときにも What time ~ ? を使います。

What time is it now? 今、何時ですか？

- It's ten o'clock. 10時です。

第1章 ● be動詞からはじめよう

時間の答え方

What time is it now? と聞かれたら、It is ~ と答えますが、時間には様々な表現があります。

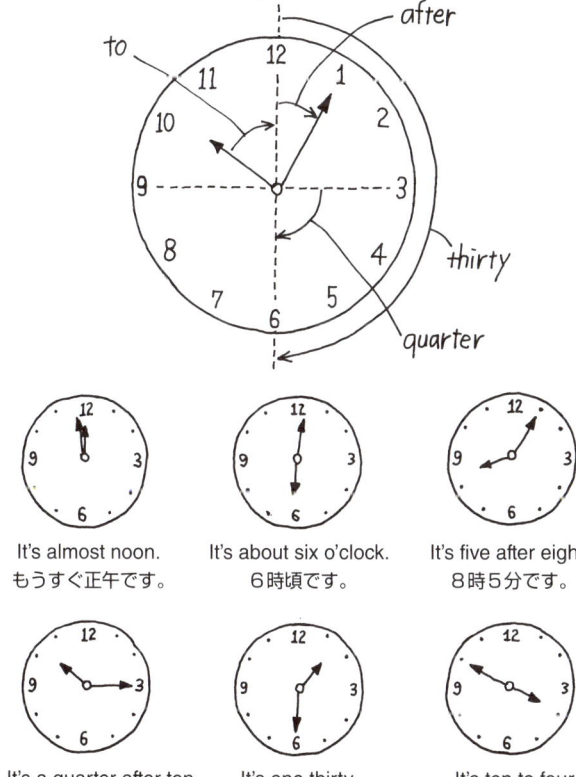

It's almost noon.
もうすぐ正午です。

It's about six o'clock.
6時頃です。

It's five after eight.
8時5分です。

It's a quarter after ten.
10時15分です。

It's one thirty.
1時半です。

It's ten to four.
4時10分前です。

LESSON 4

僕のもの、私のもの
持ち主を表す

ものを指して「私の〜」、「あなたの〜」と言うときには持ち主を表す単語（所有格）を使います。所有格は主語によって変わるので、ひとつずつ覚える必要がありますが、様々な場面で使えるので、しっかりマスターしましょう。

Is this **your** bicycle?　これはあなたの自転車ですか？

– Yes, it is.　　　　　はい、そうです。
　It's **mine**.　　　　それは僕のものです。

「私の〜」、「あなたの〜」の形を覚えよう

「私」、「あなた」など、人を表す代名詞（人称代名詞）には、「私の〜」、「あなたの〜」など、持ち主を表す形（所有格）があります。所有格を使うときには、名詞にa、an、theの冠詞はつけません。

This is **a** dog.　　　　　This is **my** dog.
これは犬です。　　　　　これは私の犬です。

所有格を使うときにはa、an、theはつけない！

● 単数のとき

I（私は） → my（私の）
She is **my** daughter.　彼女は私の娘です。

you（あなたは） → your（あなたの）
It's **your** turn.　あなたの番ですよ。

he（彼は） → his（彼の）
These are **his** shoes. これらは彼の靴です。

she（彼女は） → her（彼女の）
That is **her** dog.　あれは彼女の犬です。

it（それは） → its（その）
What is **its** name?　その名前は何ですか？

● 複数のとき

we（私たちは） → our（私たちの）
This is **our** school. これは私たちの学校です。

you（あなたたちは） → your（あなたたちの）
Are they **your** friends?
　　　　　　　彼らはあなた方のお友達ですか？

they（彼らは） → their（彼らの）
Their parents are in Tokyo.
　　　　　　　彼らの両親は東京にいます。

「私のもの」とひと言で

Is this your coat?
これはあなたのコートですか？

と聞かれたときに、

Yes, it is. It's **my** coat.
はい、そうです。それは私のコートです。

と答える代わりに、「私のもの」という意味の mine を使うと、ひと言で

Yes, it is. It's **mine**.
はい、そうです。それは私のものです。

とすっきり答えることができます。

「〜のもの」という表現は、my → mineの他に次のものがあります。

● 単数のとき
your（あなたの）　　→　yours（あなたのもの）
his（彼の）　　　　　→　his（彼のもの）
her（彼女の）　　　　→　hers（彼女のもの）

● 複数のとき
our（私たちの）　　　→　ours（私たちのもの）
your（あなたたちの）→　yours（あなたたちのもの）
their（彼らの）　　　→　theirs（彼らのもの）

それ以外のときには's をつける

Mr. Suzuki is Tatsuya's boss.
鈴木さんはタツヤの上司です。

These clothes are my sister's.
これらの洋服は私の姉のものです。

このように、持ち主が人の場合は、〈名詞＋'s（アポストロフィとs）〉で**所有**を表します。

第1章 ● be動詞からはじめよう

■ ダイアログ1 「〜の」、「〜のもの」を使って話そう

Mrs. Johnson	Welcome to our house, Yoko. This is our living room.
Yoko	This stereo is very nice.
Mrs. Johnson	It's my husband's. He's a music-lover.
Yoko	Is that Mr. Johnson's piano?
Mrs. Johnson	No, it's Kathy's. She's our daughter.
Yoko	Is she a musician?
Mrs. Johnson	Yes, her music is very good.
ジョンソン夫人	ヨウコ、私たちの家へようこそ。ここがリビングよ。
ヨウコ	このステレオ、とてもステキですね。
ジョンソン夫人	それは夫のものなの。音楽が大好きなのよ。
ヨウコ	あれはジョンソンさんのピアノですか？
ジョンソン夫人	いいえ、キャシーのよ。私たちの娘なの。
ヨウコ	キャシーは音楽をやっているのですか？
ジョンソン夫人	ええ、彼女の音楽はすごくいいのよ。

単語
living room: 居間
　　　　　(dining room: 食堂、kitchen: 台所、bathroom: 浴室)

この表現を覚えよう！

● **Welcome to ~　　〜へようこそ。**
　　Welcome to Japan.　　　　　日本へようこそ。
　　Welcome to our website!　　私たちのホームページへようこそ！

● **~ -lover　　〜愛好者＝〜が大好きな人**
　　My sister is a book-lover.　　私の姉は本が大好きです。

LESSON 5

この人は誰？
Whoの使い方

人を指して「誰？」とたずねるときには、疑問詞Whoを使います。使い方のルールはLesson 3で取り上げたWhatと共通なので、復習しながらしっかり覚えましょう。

Who is this?	この人は誰ですか？
– She is my sister.	私の妹です。

Whoを使って「人」をたずねる

疑問詞の第2弾は、「人」をたずねるときに使うWhoです。使い方のルールはWhatと同じで、疑問詞Whoを文の最初に置き、〈Who＋be動詞＋主語〉の形にします。

She is Yuriko.
彼女はユリコです。
疑問文　Is she Yuriko?
彼女はユリコですか？

下線部分がわからないときは、Whoに置き換えて文の最初に置きます。

Whoを使った疑問文

Who is she?
〈Who＋be動詞＋主語〉
彼女は誰ですか？

　– She is Yuriko .
　ユリコです。

第1章 ● be動詞からはじめよう

■ ダイアログ2　Whoを使って話そう

Yoko	This is a picture of my family.
Kathy	Who is this little boy?
Yoko	He is my nephew. He is three years old.
Kathy	He is lovely. What is his name?
Yoko	His name is Masaya.
Kathy	And who is this lady?
Yoko	She is my sister, Hiromi.
Kathy	So, she is Masaya's mother.
ヨウコ	これは私の家族の写真よ。
キャシー	この小さな男の子は誰？
ヨウコ	私の甥よ。3歳なの。
キャシー	かわいいわね。彼の名前は？
ヨウコ	マサヤっていうのよ。
キャシー	この女の人は誰なの？
ヨウコ	私の姉のヒロミよ。
キャシー	それなら彼女はマサヤのお母さんね。

単語
nephew:　　甥（niece: 姪）
lady:　　　女の人、婦人（gentleman: 紳士）
so:　　　　それなら、だから

この表現を覚えよう！

● **He is ~ years old.**　　彼は~歳です。
　　I am 20 years old.　　　　　　　私は20歳です。
　　My daughter is 8 years old.　　私の娘は8歳です。

LESSON 6 誰のもの？
Whoseの使い方

ものを指して「誰のもの？」とたずねるときの疑問詞はWhoseです。疑問詞の使い方に慣れるには、自分でいくつも文をつくってみることがポイント。周りのものを指して「誰のもの？」と質問し、それに答える練習がおすすめです。

Whose car is that?	あれは誰の車ですか？
– It's my father's.	私の父のものです。

Whoseを使って「持ち主」をたずねる

「持ち主」をたずねる疑問詞 Whose をマスターしましょう。Whose は Who（誰？）の所有格で、「誰の？」という意味です。Whoseは疑問詞なので、すでに登場したWhat、Whoと同じように文の最初に置きます。

That is my father's car.
あれは私の父の車です。

疑問文 Is that your father's car?

あれはあなたのお父さんの車ですか？

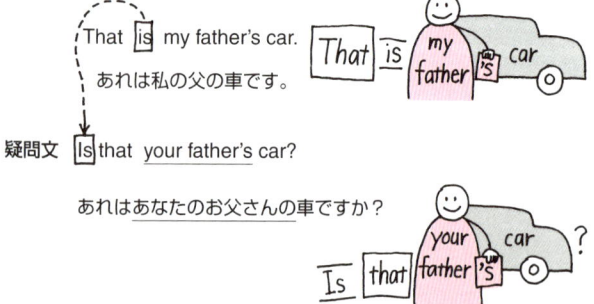

第1章 ● be動詞からはじめよう

　下線部分がわからないときは、Whoseに置き換えてcarと共に文の最初に置きます。

Whoseを使った疑問文

  Whose car is that?
  あれは誰の車ですか？
   －　It's my father's.
    私の父のものです。

　このように、Whoseを文の最初にもっていくときには、すぐ後に名詞を伴い、Whose car ~ となることに注意します。

■ ダイアログ3　Whoseを使って話そう

Yoko	Whose tennis racket is this?
Kathy	It's my brother's.
Yoko	That's a new bicycle. Whose is it?
Kathy	It's his, too. He is a good athlete.
Yoko	Are these your brother's golf clubs?
Kathy	No, they aren't. They are my father's.
ヨウコ	これは誰のテニスラケットなの？
キャシー	兄のよ。
ヨウコ	あれは新しい自転車だね。誰の？
キャシー	あれも兄のものだわ。彼は運動が得意なのよ。
ヨウコ	これらはお兄さんのゴルフクラブなの？
キャシー	いいえ、違うわ。父のものよ。

この表現を覚えよう！

● **He is a good athlete.**　　彼は運動が得意なのよ。

 good ~ で「~が上手、~が得意」の意味を表すことができます。
  My father is a good golfer.　　私の父はゴルフが上手です。
  Linda is a good singer.　　　　リンダは歌が上手です。

LESSON 7

どこにあるの？
Whereの使い方

「どこ？」と場所をたずねるときの疑問詞はWhereです。疑問詞もこれで4つめ。英語で質問できる内容がどんどん広がっていきますね。疑問詞は、それぞれ意味が違っても、文の組み立ては同じであることを押さえるのがポイントです。

Where are my glasses?	私のメガネはどこですか？
– They are on the table.	テーブルの上です。
Where are you from?	どちらのご出身ですか？
– I'm from New York.	ニューヨークです。

Whereを使って「場所」をたずねる

What、Who、Whoseに続く4つめの疑問詞は、場所をたずねるWhereです。疑問詞を使った疑問文にも、もう慣れてきていると思いますが、もう一度つくり方を確認しましょう。

● 例1

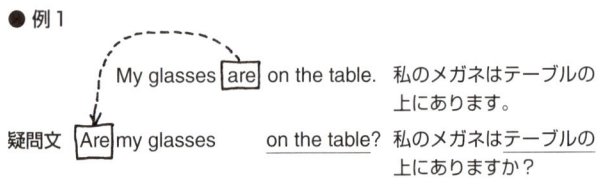

下線部分がわからないときは、Whereに置き換えて文の最初に置きます。

Whereを使った疑問文

Where are my glasses?
私のメガネはどこですか？
－ They are on the table.
　　テーブルの上です。

● 例と

My sister [is] in the United States.
私の妹はアメリカにいます。

疑問文　[Is] your sister in the United States?
あなたの妹さんはアメリカにいますか？

Whereを使った疑問文

Where is your sister?
あなたの妹さんはどこにいるのですか？
－ She is in the United States.
　　彼女はアメリカにいます。

どちらのご出身ですか？

Whereを使った決まり文句に、Where are you from?（どちらのご出身ですか？）があります。答は、I'm from ~（場所）. となります。

Where are you from?
どちらのご出身ですか？
－ I'm from the United States.
　　アメリカです。

Where is he from?
彼はどこの出身ですか？
－ He is from Hong Kong.
　　香港です。

これまでに登場した４つの疑問詞の使い方を復習してみましょう。

This is a small tape recorder.
これは小型のテープレコーダーです。

「もの」を知りたいときはWhat

    What is this?
    これは何ですか？
       − It's a small tape recorder.
         小型のテープレコーダーです。

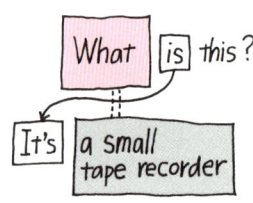

This little girl is my niece.
この小さい女の子は僕の姪です。

「人」を知りたいときはWho

    Who is this little girl?
    この小さい女の子は誰ですか？
       − She is my niece.
         僕の姪です。

That is Mr. Smith's house.
あれはスミスさんの家です。

「持ち主」を知りたいときはWhose

    Whose house is that?
    あれは誰の家ですか？
       − It's Mr. Smith's.
         スミスさんのです。

My office is in this building.
私の会社はこのビルの中にあります。

「場所」を知りたいときはWhere

    Where is your office?
    あなたの会社はどこにありますか？
       − It's in this building.
         このビルの中です。

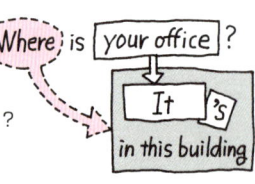

第1章 ● be動詞からはじめよう

■ ダイアログ4　Whereを使って話そう

Mark	Where is my wallet?
Mrs. Johnson	Usually, it's on the table.
Mark	No, it isn't.
Mrs. Johnson	In your pocket?
Mark	No, where on earth is it?
Mrs. Johnson	Maybe it's in your bag.
Mark	Then, where is my bag?

マーク	僕の財布はどこかな？
ジョンソン夫人	いつもはテーブルの上にあるわよ。
マーク	いや、ないんだ。
ジョンソン夫人	ポケットの中は？
マーク	ないよ、いったいどこにあるんだ。
ジョンソン夫人	たぶんカバンの中よ。
マーク	それなら僕のカバンはどこにあるのかな？

単語
wallet:　　　札入れ
usually:　　　普通は、たいてい
then:　　　それなら

この表現を覚えよう！

● **In your pocket?**　　　ポケットの中は？

Isn't it in your pocket?の略。会話ではこのような省略がよくあります。

● **Where on earth is it?**　　　いったいどこにあるんだ。

on earthは「一体全体」という意味で、疑問詞を強調します。

　　What on earth is the matter?　　　いったいどうしたんだ？
　　Who on earth are you?　　　いったい君は誰なんだ？

LESSON 8

「ある／ない」を言うのも be 動詞

There is (are) ~

「〜がある／〜がいる」と言うときに使う表現が There is ~ ／ There are ~ です。ここでは、be 動詞が「…は〜です」の意味ではなく、「ある（いる）」の意味になります。

There is a tomato in the refrigerator.	冷蔵庫の中にトマトがあります。
There are some eggs in the refrigerator.	冷蔵庫の中に卵があります。

There is ~ ／ There are ~ は存在を表す

There is a picture on the wall.　　There are some books on the desk.
　壁に絵がかかっています。　　　　　机の上に本があります。

　There is ~ ／ There are ~ は、「〜がある／〜がいる」という存在を表します。「〜」の名詞が単数なら There is ~、複数なら There are ~ となります。

疑問文はThereとbe動詞をひっくり返す

There is ~ ／ There are ~ の文を、「～がありますか？／～がいますか？」という疑問文にするには、Thereとbe動詞の位置をひっくり返して、Is there ~? ／ Are there ~? とします。

There is a sofa in the room.
部屋の中にソファーがあります。

疑問文　Is there a sofa in the room?
部屋の中にソファーがありますか？

－ Yes, there is. ／ No, there isn't.
はい、あります。／いいえ、ありません。

There are many stores along the street.
通りには店がたくさんあります。

疑問文　Are there many stores along the street?
通りには店がたくさんありますか？

－ Yes, there are.　　はい、あります。
　 No, there aren't.　　いいえ、ありません。

否定文はThere is no ~

では、There is ~ ／ There are ~ の文を、「～はありません／～はいません」という否定文にしてみましょう。このときは、There is no ~ となります。

There is a TV in the living room.
居間にはテレビがあります。

疑問文　Is there a TV in the living room?
居間にはテレビがありますか？

否定文　There is no TV in the living room.
居間にはテレビがありません。

There are some vegetables in the basket.
カゴの中に野菜があります。

疑問文　Are there any vegetables in the basket?
カゴの中に野菜がありますか？

否定文　There is no vegetable in the basket.
カゴの中に野菜はありません。

someとanyを使い分けよう

someとanyは、数がはっきりしないときに「いくつかの／多少の」という意味で使います。この場合、someは肯定文に、anyは否定文や疑問文に使いますが、軽い意味なので訳す必要はありません。

肯定文　There are **some** students in the schoolyard.
校庭に生徒がいます。

There are [some] students in the schoolyard.

疑問文　Are there **any** students in the schoolyard?
校庭に生徒がいますか？
ー Yes, there are. ／ No, there aren't.
　はい、います。／いいえ、いません。

Are there [any] students in the schoolyard.

否定文　There aren't **any** students in the schoolyard.
校庭に生徒はいません。

There aren't [any] students in the schoolyard.

第1章 ● be動詞からはじめよう

■ ダイアログ5　There is (are) ～ を使って話そう

Kathy	There is a park near this house.
Yoko	Is it a large park?
Kathy	Yes, it is. There are many trees.
Yoko	Are there any cherry trees?
Kathy	Yes, there are. They are beautiful in April.
Yoko	Is there a zoo?
Kathy	No, there is no zoo in the park.

キャシー　この家の近くに公園があるのよ。
ヨウコ　　大きな公園なの？
キャシー　ええ、そうよ。木がたくさんあるの。
ヨウコ　　桜の木はある？
キャシー　ええ、あるわ。4月はきれいよ。
ヨウコ　　動物園はあるの？
キャシー　いいえ、その公園に動物園はないわ。

この表現を覚えよう！

● **near this house**　この家の近くに。
　near ~ は、「～の近くに」。
　　　near here: この近くに　　　near the station: 駅の近くに

LESSON 9 数えられない名詞

　数えられる名詞の場合、ひとつのものには a か an、複数のものには some か any をつけましたが、水、砂糖、肉など、数えられない名詞はどのように扱うのでしょうか。

Is there **any** orange juice in the refrigerator?	冷蔵庫の中にオレンジジュースはあるかな？
– No, there isn't. But there is **some** milk.	いいえ、ないわ。でも牛乳ならあるわよ。

数えられない名詞は単数扱い

Is there **any** green tea in the cupboard?
戸棚の中に緑茶はありますか？
− No, there isn't.
　But there is some Chinese tea.
　いいえ、ありません。
　でも中国茶ならあります。

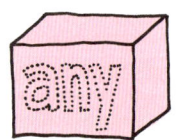

　お茶、ジュースなどは数えられない名詞（物質名詞）なので、肯定文では some、疑問文、否定文では any をつけます。注意が必要なのは、some や any がついても、物質名詞は単数として扱うことです。このため、「～があります」の文はいつも There is ~ の形になります。

There is some ice cream in the freezer.
冷凍庫の中にアイスクリームがあるよ。

Is there any cold beer?
冷たいビール、ある？

- No, there is no cold beer. It's finished.
 いや、冷たいビールはないね。
 全部飲んでしまったよ。

　このように、否定文ではThere isn't any ~ と言うより、There is no ~ のようにnoを使う方が一般的です。

■ ダイアログ6　There is ~（物質名詞）を使って話そう

Yoko	This sandwich is delicious. What's in here?
Mrs. Johnson	There are some chicken, cucumber, and celery.
Yoko	Is there any bacon?
Mrs. Johnson	No, there is no bacon. But there is some in the salad.
Yoko	I see. What's this drink?
Mrs. Johnson	It's lemonade. There are some lemon juice, sugar and soda water in it.
ヨウコ	このサンドイッチ、おいしいですね。 何が入っているのですか？
ジョンソン夫人	鶏肉、きゅうり、セロリよ。
ヨウコ	ベーコンは入っていますか？
ジョンソン夫人	いいえ、ベーコンは入っていないわ。 でも、サラダには入っているわよ。
ヨウコ	そうですか。この飲み物は？
ジョンソン夫人	レモネードよ。 レモンジュース、砂糖、炭酸水が入っているの。

この表現を覚えよう！

● **What's in here?**　ここには何が入っているの？
　hereは「ここ」、「そこ、あそこ」はthereです。

LESSON 10

どうやって？、どれぐらい？
Howの使い方

「どうやって？」、「どれぐらい？」のように、方法や程度をたずねるときの疑問詞がHowです。Howとbe動詞を組み合わせれば、年齢、値段、数や量などいろいろな質問をすることができます。

How old are you?	おいくつですか？
– I'm 20 years old.	20歳です。
How much is the ticket?	チケットはいくらですか？
– It's 2,000 yen.	2,000円です。
How many eggs are there in the refrigerator?	冷蔵庫にはいくつ卵がありますか？
– There are five.	5つあります。

Howを使って程度や方法をたずねる

How are you?
お元気ですか？
– Fine, thank you.
　元気です、ありがとう。

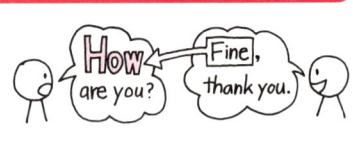

この文頭にあるHowは疑問詞を表す「どうやって、どれくらい」などの意味があります。疑問文をつくるには、Howを文頭に置いて、たずねたい内容（年齢、数、速度など）を続けます。

第1章 ● be動詞からはじめよう

How old ~?で年齢をたずねる

I am 20 years old.
私は20歳です。

疑問文 Are you 20 years old?
あなたは20歳ですか？

下線部分（年齢）がわからないときは、How oldに置き換えて文の最初に置きます。

How oldを使った疑問文

How old are you?
おいくつですか？

－ I'm 20 years old.
　20歳です。

How much ~?で値段をたずねる

This hamburger is 200 yen.
このハンバーガーは200円です。

疑問文 Is this hamburger 200 yen?
このハンバーガーは200円ですか？

下線部分（値段）がわからないときは、How muchに置き換えて文の最初に置きます。

How muchを使った疑問文

How much is this hamburger?
このハンバーガーはいくらですか？

－ It's 200 yen.
　200円です。

How many ~?で数量をたずねる

How many ~?は、「数はいくつ？」と
たずねるときに使います。

　　　　There are three rabbits in this cage.
　　　　この檻にはウサギが3匹います。

疑問文　Are there three rabbits in this cage?
　　　　この檻にはウサギが3匹いますか？

下線部分（数）がわからないときは、How manyに置き換えて、
rabbitsと共に文の最初に置きます。

How manyを使った疑問文
　　How many rabbits are there in this cage?
　　この檻には何匹ウサギがいますか？
　　－ There are three.
　　　3匹です。

Howを使ってたずねよう

この他にも、Howを使っていろいろなことを質問できます。

- 距離　　**How far** is it from here to your office?
　　　　　ここからあなたの会社まで、どれぐらい距離がありますか？
- 身長　　**How tall** is Ted?　　テッドは身長がどれぐらいですか？
- 長さ　　**How long** is the bridge?
　　　　　その橋はどれぐらいの長さですか？
- 大きさ　**How big** is your dog?
　　　　　あなたの犬はどれぐらいの大きさですか？
- 強さ　　**How strong** is this glass?
　　　　　このガラスはどれぐらい強いのですか？
- 深さ　　**How deep** is that pond?
　　　　　あの池はどれぐらい深いのですか？

■ ダイアログ7　How を使って話そう

Mark	How many people are there in your office, Dad?
Mr. Johnson	There are about 30 people.
Mark	How many computers are there?
Mr. Johnson	There aren't many.　There are about 10.
Mark	Maybe it's not enough.　How busy are they?
Mr. Johnson	They are very busy all the time.
マーク	お父さん、職場にはどれくらい人がいるの？
ジョンソン氏	30人ぐらいだよ。
マーク	コンピューターは何台あるの？
ジョンソン氏	たくさんはないよ。10台ぐらいだね。
マーク	たぶん、それでは十分とは言えないね。どれぐらい混んでいるのかな？
ジョンソン氏	いつもとても混んでいるよ。

この表現を覚えよう！

● **There aren't many.**　たくさんはないよ。

　manyのあとのcomputersが省略されています。

● **Maybe it's not enough.**
　　　　　　　　　たぶん、それでは十分とは言えないね。

enough: 十分な

　There are enough glasses and plates for all the guests.
　お客様全員のために十分なグラスとお皿があります。

● **How busy are they?**
　　　　　（コンピューターは）どれぐらい混んでいるの？

busyは「忙しい」という意味ですが、ここでは「混んでいる」です。

● **all the time**　いつも

Column 1　電話を受けたときは？①

　突然かかってくる海外からの電話。電話口の向こうから英語が聞こえてびっくり…。そんな場合でも大丈夫。電話では決まったパターンの英語が使われるので、フレーズをいくつか覚えて応用すれば、受け答えに困ることはありません。落ち着いてスマートに対応しましょう。

電話を受ける

Hello, this is ABC Corporation.
はい、ABC社でございます。

How can I help you?
ご用件を承ります。

ここまでは、電話を取ったときに、一息で！

確認する

Excuse me.
すみません。

謝罪の場合なら I'm sorry. です。

Can you say that again?
もう一度おっしゃってください。

May I have your name again?
お名前をもう一度いただけますか？

英語が聞き取れないとき

I don't speak English very well.
私はあまり英語が話せません。

I'll get you an English speaker.
英語のわかるものにかわります。

Please hold on a minute.
少々お待ちください。

数秒しかお待たせしない場合なら Please hold on a second. と言いましょう。

第2章

一般動詞を使いこなそう

LESSON 1 一般動詞のルールを覚えよう

英語の動詞はbe動詞と一般動詞の2種類に分けることができます。ここでは、一般動詞を使うときのルールを説明します。

I like music.	私は音楽が好きです。
Do you like music?	あなたは音楽が好きですか？
– Yes, I **do**. – No, I **don't**.	はい、好きです。 いいえ、好きではありせん。
– I **don't** like music.	私は音楽が好きではありません。

疑問文は始めにDo

Do □□□？

I live in Tokyo.
私は東京に住んでいます。

動詞 live（住む）を使ったこの文を疑問文にしてみましょう。一般動詞の疑問文は、文の始めに **Do** という単語を置きます。Do は主語が I／you／複数（we／they／these／those など）のときに使い、Do のある文では、動詞は原形になります。

第2章 ● 一般動詞を使いこなそう

疑問文　**Do** you live in Tokyo?
　　　　　あなたは東京に住んでいますか？

　　　－ Yes, I **do**.
　　　　　はい、住んでいます。
　　　－ No, I **don't**.
　　　　　いいえ、住んでいません。

　　　don't は do not の省略形

もうひとつ疑問文をつくってみましょう。

They play tennis.
彼らはテニスをします。

疑問文　**Do** they play tennis?
　　　　　彼らはテニスをしますか？

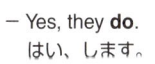

　　　－ Yes, they **do**.
　　　　　はい、します。
　　　－ No, they **don't**.
　　　　　いいえ、しません。

否定文は動詞の前に don't

I like Italian food.
私はイタリア料理が好きです。

動詞like（好む）を使ったこの文を否定文にしてみましょう。否定文では、動詞の前に**don't**を置きます。

否定文　I **don't** like Italian food.
　　　　　私はイタリア料理が好きでは
　　　　　ありません。

They study English at school.
彼らは学校で英語を勉強しています。

否定文　They **don't** study English at school.
　　　　　彼らは学校で英語を勉強していません。

動詞に -s をつけるとき

He／She／It／This／Thatなど、I、You以外でひとつのもの／人（これが「3人称単数」と呼ばれるものです）が主語のときは、動詞の最後に-s（語尾がo／s／ch／shの動詞には-es）をつけます。

Paul speak**s** Japanese.
ポールは日本語を話します。

Mariko drink**s** coffee every morning.
マリコは毎朝コーヒーを飲みます。

第2章 ● 一般動詞を使いこなそう

Doの代わりにDoes

主語がHe／She／It／This／Thatなどのときは、
疑問文の最初に置くDoが形を変え、**Does**になります。

　　　　　I watch TV every night.　　私は毎晩テレビを見ます。
疑問文　**Do** you watch TV every night?
　　　　　　　　　　　　　　　　　　あなたは毎晩テレビを見ますか？
　　　　　- Yes, I do.／No, I don't.　　はい、見ます。／いいえ、見ません。

この文の主語をMikeに変えてみましょう。
　　　　　Mike watches TV every night.　マイクは毎晩テレビを見ます。
疑問文　**Does** Mike watch TV every night?
　　　　　　　　　　　　　　　　　　マイクは毎晩テレビを見ますか？

　　　　　- Yes, he **does**.　　　　　はい、見ます。
　　　　　　　No, he **doesn't**.　　　いいえ、見ません。

Doと同じように、Doesのある文でも、動詞は原形になります。

haveはhasになる

動詞have（持っている）は、主語が3人称単数のときは**has**に変化します。

I **have** many CDs.　　　　　　　My sister **has** many CDs.
私はCDをたくさん持っています。　私の妹はCDをたくさん持っています。

They **have** a problem.　　　　　Alan **has** a problem.
彼らには問題があります。　　　　　アランには問題があります。

49

LESSON 2

主な動詞のイメージをとらえよう (1)

HAVE, GET, DO

　一般動詞の中には、日常会話で頻繁に使われ、幅広い意味を持つものがあります。この章では、これらの重要な動詞が本来持っているイメージについて説明し、そのイメージに基づく様々な使い方を紹介します。

　この章の例文には過去形、未来形、受動態など、後の章で説明する文法事項も含まれていますが、基本動詞の使い方として、まずは目を通してください。

I **have** a job.	私には仕事がある。	（状態）
I **get** a job.	私は仕事を得る。	（獲得）
I **do** a job.	私は仕事をする。	（行為）

上の3つの文から have、get、do の違いをみてみましょう。

have は「持っている」という状態

● **I have a job.**

　この文は、会社に勤めている、店を経営しているなど、「私には仕事がある」という**状態**を表しています。

第2章 ● 一般動詞を使いこなそう

getは「手に入れる」という行為

● **I get a job.**
　この文は、就職の面接に行ったら採用された、営業に行ったら取引先から仕事を発注されたなど、「仕事を得る」という**獲得**を表しています。getは「仕事がある」という状態を引き起こす能動的な動詞と言えます。

doはすべての動詞の代理をする

● **I do a job.**
　この文では、doは何かを「する」という**行為**を表しています。doはもうひとつの役割として、行為を表す動詞の代理をするため、とても広く使われる便利な動詞です。

I **wash** the dishes.
I **do** the dishes.
　　　　私はお皿を洗います。

I **comb** my hair.
I **do** my hair.
　　　　私は髪をとかします。

下の図で、have、get、doのイメージをつかんでください。

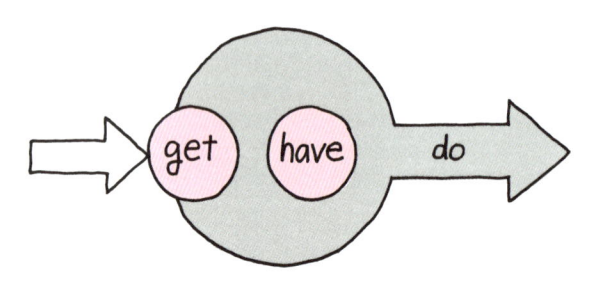

覚えておこう！便利なフレーズ

HAVE

I **have** a cold. 風邪をひいているんだ。
Please **have** a seat. どうぞお座りください。
Have a good weekend! 楽しい週末を！
I **have** no idea. まったくわからないよ。
I'm glad to **have** you in my team.
君がチームに入ってくれてうれしいよ。

GET

	I'll **get** you a drink.	君に飲み物をとってきてあげよう。
	Get well soon.	早く元気になってね。
	Let's **get** started.	さあ、始めよう。
	Get up! You are late!	起きなさい！遅刻よ！
	You **got** an e-mail.	メールが届いています。

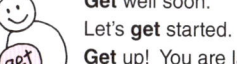

DO

	I'll **do** it.	僕がやるよ。
	I **did** it!	やったぁ！
	I'll **do** my best.	ベストを尽くします。
	Will you **do** me a favor?	お願いがあるんだけど？
	How are you **doing**?	元気ですか？

LESSON 3
主な動詞のイメージをとらえよう (2)
COME, GO

移動を表す動詞、comeとgoのイメージをつかみましょう。一般にcomeは「来る」、goは「行く」と訳されますが、このふたつの動詞は、日本人にとって意外と使いこなすことが難しいのです。

My husband **comes** home around 7 o'clock.	私の夫は7時頃帰宅します。
My son **goes** to school by bus.	私の息子はバスで学校に行きます。

comeとgoは視点で決まる

移動について説明するときにcomeとgoのどちらを使うかは、視点を決めることによって判断できます。ひと言で言うと、

視点の方に向かってくる場合は	**come**
視点から離れていく場合は	**go**

です。

My husband comes home around 7 o'clock.

My son goes to school by bus.

この2つの文では、家に視点を置き、夫は帰宅する（家の方に向かってくる）のだからcome、息子は学校に行く（家から離れていく）のだからgoとなります。

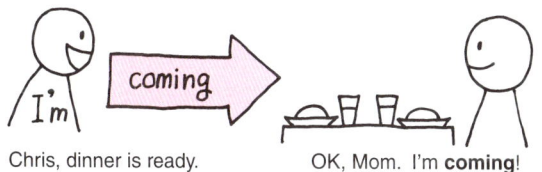

Chris, dinner is ready.
クリス、夕食ができたわよ。

OK, Mom. I'm **coming**!
わかったよ、ママ。すぐに行くよ！

この文は日本語にすると「すぐに行くよ！」ですが、視点は食卓にあり、クリスは食卓に向かうため、I'm going! ではなく、I'm coming! となります。

覚えておこう！便利なフレーズ

COME
I'll **come** to your house at 9 o'clock.　9時にお宅にうかがいます。
Come here and look at this!　ここに来て、これを見てごらん！
My dreams **come** true.　夢が実現したわ。

GO
I have to **go** now　もう行かなければ。
How is it **going**?　調子はどう？
Fresh food **goes** bad in this hot weather.
　　　　　　　　この暑さでは、生の食べ物は悪くなってしまうよ。

LESSON 4

主な動詞のイメージをとらえよう (3)
GIVE, TAKE

giveとtakeは共にとても広い意味を持つ動詞ですが、まず思い浮かぶ意味は、giveが「与える」、takeが「受け取る」ではないでしょうか。この2つの動詞のイメージをつかみ、応用してみましょう。

| He always **gives** her presents. | 彼はいつも彼女にプレゼントをあげます。 |
| She always **takes** his presents. | 彼女はいつも彼からのプレゼントを受け取ります。 |

giveは「外に出す」、takeは「取り入れる」

最初の2つの文では、プレゼントを「渡す」側の彼にはgiveを、プレゼントを「受け取る」側の彼女にはtakeを使っています。その結果、彼の手元にはプレゼントがなく、彼女の手元にはプレゼントがあります。このように、giveとtakeのイメージは、

giveはあるものを外に出す 　　takeはあるものを中に取り込む

です。

give-and-takeという単語があります。これは直訳すると「与える、そして受け取る」、つまり「公平な条件での交換」という意味です。

I'll **take** a chance.
いちかばちか賭けてみるよ。
Please **give** me a chance.
私にチャンスをください。

take a chanceのchanceは「冒険、賭け」という意味です。ここでは賭けを受け入れる、「いちかばちか賭けてみる」となります。

覚えておこう！便利なフレーズ

GIVE

Will you **give** me a hand?	手伝ってくれない？
Give me a break!	勘弁してよ！
Give me a call this evening.	今晩、電話してね。
I'll **give** you a ride.	車で送ってあげるよ。
Never **give** up!	絶対にあきらめるな！

TAKE

May I **take** a message?	メッセージを承りましょうか？
Take it easy.	気楽にやろうよ。
Do you **take** credit cards?	クレジットカードは使えますか？
Take your time.	ごゆっくりどうぞ。
You don't **take** me seriously.	私のこと、真剣に考えていないのね。

LESSON 5

主な動詞のイメージをとらえよう (4)

MAKE

　makeと言えば、「〜をつくる」という意味が思い浮かぶでしょうが、この他にもとても多くの意味を持ち、日常会話の様々な場面で使われます。ここではmakeを使ったたくさんの熟語を紹介します。

My mother **makes** good apple pies.	私の母はおいしいアップルパイを作ります。
Two and two **makes** four.	2たす2は4。
My baby **makes** me happy.	赤ちゃんが私を幸せな気分にしてくれます。

makeのイメージは「アクティブな行為」

makeは幅広い意味を表しますが、共通するイメージは、

外部に働きかけ、変化させる

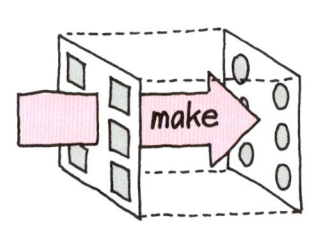

　という行為です。つまり、makeは外に対して作用する、とてもアクティブな動詞なのです。

makeは「〜をつくる」

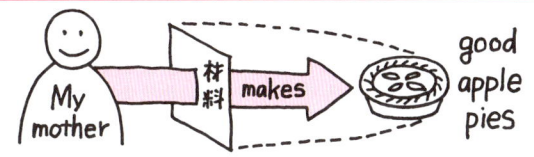

● **My mother makes good apple pies.**

この文は、My mother（私の母）が材料であるりんご、粉、砂糖などに働きかけて、アップルパイに変化させる、という行為を表しています。makeの意味としては、おなじみの「**〜をつくる**」ですね。次の文でも「〜をつくる」の意味でmakeが使われています。

I just want to **make** money.
僕はただ、金儲けをしたい
だけだ。

These electronic products are **made** in Japan.
これらの電化製品は日本製です。

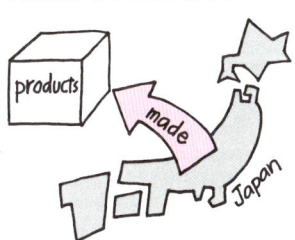

makeは「〜になる」

● **Two and two makes four.**

この文では、makeは「**〜になる**」という意味で使われています。〈A＋B＝C〉という関係を表すmakeの使い方としては、この他にも次のような表現ができます。

You two **make** a good couple.
君たち二人はお似合いだよ。

He will **make** a good father.
彼はよい父親になるだろう。

makeは「～させる」

● **My baby makes me happy.**

この文では、makeは「…を～させる」という意味で、赤ちゃんが私を幸せな状態にさせる、という**使役**を表しています。makeが「～させる」という意味で使われるときは、強制力のある積極的な行為になります。

He always **makes** me laugh.
彼はいつも私を笑わせます。

The boy's attitude **made** his teacher angry.
その少年の態度は先生を怒らせました。

覚えておこう！便利なフレーズ

make sense 　（意味をなす）
　It **makes sense**. 　　　　　　　それはもっともだ。
　It doesn't **make any sense**. 　それは支離滅裂だ。
　　　　　　　　　　　　　　　　（まったく意味をなさない）

make efforts 　（努力する）
　She **makes every efforts** 　彼女は試験に合格するために
　to pass the exam. 　　　　　　あらゆる努力をします。

make progress 　（進歩する）
　Shinji **made** great **progress** 　シンジは英会話が
　in speaking English. 　　　　　　　とても上達しました。

make it 　（間に合う、うまくやり遂げる）
　Can you **make it** to the last train?
　　　　　　　　　　　あなたは最終電車に間に合いますか？
　I **made it**! 　　　　やったぁ！

make up one's mind 　（決心する）
　Anne **made up her mind** to marry Mark.
　　　　　　　　　　　アンはマークと結婚する決心をしました。
　I **made up my mind** to quit the job.
　　　　　　　　　　　私は仕事を辞める決心をしました。

make sure ～ 　（必ず～する）
　Make sure you call me tomorrow morning.
　　　　　明日の朝、
　　　　　必ず私に電話をください。
　I'll **make sure** to return the book to you.
　　　　　必ず君に本を返すよ。

LESSON 6

主な動詞のイメージをとらえよう (5)
LOOK, SEE, WATCH

look、see、watchは、どれも「見る」という意味の視覚を表す動詞ですが、使われる場面はそれぞれ異なります。これら3つの「見る」のイメージをつかめば、状況に合う動詞を迷わず選ぶことができるようになります。

Look at that lady in a white dress.	あの白い服を着た女の人を見てごらん。
I **see** some people in the room.	部屋の中に人がいるのが見えます。
Please **watch** my suitcase here.	ここで私のスーツケースを見ていてね。

lookのイメージは「視線を向ける」

lookのイメージは、

視線を向ける

という動作です。動詞lookの後にはat、up、downなどが置かれますが、これは、lookによって向ける視線の方向を示します。

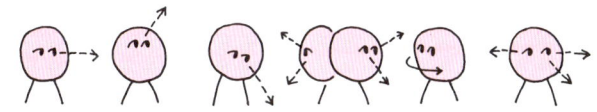

look at	look up	look down	look around	look back	look for
(〜を見る)	(見上げる)	(見下ろす)	(見回す)	(振り返る)	(探す)

● **Look at that lady in a white dress.**

この文は that lady in a white dress（白い服を着た女の人）の方に目を向けてごらん、という意味で、実際にその女の人が見えるのか、見えないのか、という深い意味はありません。

lookは「探す」

I **looked for** my purse all over the place.
私は財布をそこら中探しまわった。

look for 〜（〜を探す）は、とてもよく使われる熟語です。「〜を探す」を表す熟語には、このほかに search for 〜 があります。

lookは「〜に見える」

She **looks** very tired.
彼女はとても疲れているように見えます。

You **look** so happy.
君はとても幸せそうに見えるね。

This question **looks** easy.
この問題は簡単そうに見えます。

「〜に見える」というのも、よく使われるlookの用法です。この場合、tired（疲れている）などは、外から見たときの印象です。

seeのイメージは「見えている」

lookが「視線を向ける」という動作を表すのに対して、seeのイメージは、

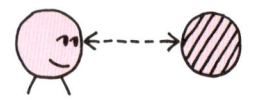

視線を向けて、そこに見えるものを認識する

です。

● I see some people in the room.

この文は、部屋の中に視線を向けて、人々がいる様子が見えている、という意味です。

　　Can you **see** a small spot on my sweater?
　　私のセーターに小さなしみがあるのが見える？
　　- No, I can't **see** it at all.
　　　いや、全然見えないよ。

このイメージを基本にして、seeの意味は次のように広がります。

seeは「会う」

「見えている」という基本のイメージから発展して、seeには「会う」という意味があります。

　　It's nice to **see** you again.
　　またお会いできてうれしいです。
　　Come to **see** me at any time.
　　いつでも会いに来てください。
　　Good-bye, **see** you next week.
　　さようなら、また来週（会いましょう）。

seeは「わかる」

「認識する」という基本イメージから、seeは「わかる」という意味でも使われます。

It's broken.
壊れているんだ。
You can't use this machine.
この機械は使えないよ。
　Oh, I see.
　そう、わかったよ。
Do you **see** the difference between these two?
このふたつの違いがわかりますか？

watchのイメージは「注意して見る」

lookの「視線を向ける」、seeの「見えている、認識する」に対して、watchは

　　注意して見る

つまり意志や集中力を持ってじっと見る、というイメージです。

● **Please watch my suitcase here.**

この文は、相手に対してmy suitcase（私のスーツケース）にただ「視線を向ける（look）」のではなく、また「認識する（see）」だけでもなく、盗まれないように注意して見ていてください、という意味です。

My father **watches** TV after dinner.
父は夕食の後でテレビを見ます。

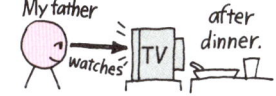

watch TV（テレビを見る）は、最もよく使われるwatchの用法のひとつです。

解説などで「〜ウォッチャー（watcher）」という言葉が使われますが、これは「〜（問題）専門家」の意味です。あるテーマについて「注意してじっと見ている」という感じが表れていますね。

LESSON 7

主な動詞のイメージをとらえよう (6)

HEAR, LISTEN

さて、「見る」という動詞のイメージをつかんだら、次は「聞く」です。「聞く」を表す動詞にはhearとlistenがありますが、この2つのイメージは、「見る」に比べてずっと単純です。

Kenji **listens** to the radio on the train.	ケンジは電車の中でラジオを聴きます。
I **hear** someone knocking on the door.	誰かがドアをノックしているのが聞こえます。

listenのイメージは「耳を傾ける」

listenのイメージは、

　　　聞くために耳を傾ける

という動作です。これはlookのイメージ、「視線を向ける」を聴覚に置き換えたのと同じことですね。

　　Listen, I have a good idea.　　聞いて、私にいい考えがあるわ。

このlistenは、「私の言うことを聞いて」という、相手の注意を引くための表現です。

　　Thank you for **listening**.　　ご静聴感謝します。

これはスピーチなどの終わりに言う決まり文句。

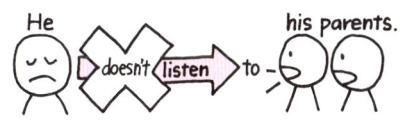

He doesn't **listen** to his parents.
彼は両親の言うことなど聞こうともしない。

この doesn't listen は、「まったく注意を払わない」というイメージです。

hearのイメージは「聞こえている」

listen が「耳を傾ける」という動作であるのに対して、hear は

聞いたことを認識する

というイメージです。これは、see のイメージ、「見えたものを認識する」をそのまま聴覚に置き換えたものですね。

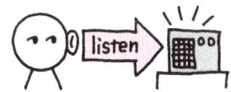

I **listen** to the radio.
私はラジオを聴きます。

I **heard** the news on the radio.
私はそのニュースをラジオで聞きました。

listen が「ラジオの音を聴く」であるのに対して、heard the news は「ニュースを聞き、その内容を知った」という認識を意味しています。

hear は「連絡を受ける」

hear from ~ は、「~から連絡を受ける」という熟語です。

I'm glad to **hear from** you.
あなたから連絡をもらって
嬉しいです。

この場合は、hear を使ってはいますが、手紙や電子メールなど、耳で音を聞くこと以外の方法での連絡も含まれます。

LESSON 8

主な動詞のイメージをとらえよう (7)
SPEAK, TALK, SAY, TELL

「見る」、「聞く」を攻略したら、次は「話す」です。「話す」という意味の動詞には、よく使われるものだけでも speak、talk、say、tell の4つがあり、それぞれ独自の役割を持っています。

In Canada, people **speak** English and French.	カナダでは、人々は英語とフランス語を話します。
I **talked** with my husband about moving.	私は夫と引越しについて話し合った。
Say hello to your family.	ご家族によろしくお伝えください。
Can you **tell** us about the life in Africa?	アフリカでの暮らしについて話してくれますか?

第2章 ● 一般動詞を使いこなそう

speakのイメージは「言葉を発する」

スピーチをする人を「スピーカー（speaker）」ということから連想されるように、speakのイメージは、

一方的に言葉を発する

です。

● **In Canada, people speak English and French.**
この文では、speakは「（〜語を）話す」という意味で使われています。同じように、

Simon **speaks** perfect Japanese.
サイモンは完璧な日本語を話します。

とも言えますし、話し方について言うときも、

　　　Please **speak** more slowly.　もっとゆっくり話してください。

のようにspeakを使います。

　　　This is Cathy **speaking**.　　こちらはキャシーです。

これは電話で自分の名前を伝えるときの言い方です。

talkのイメージは「語り合う」

speakが「一方的に言葉を発する」であるのに対して、talkのイメージは、

相手と語り合う

です。

● **I talked with my husband about moving.**
この文では、話し相手（my husband）と話題（moving）の両方があり、talkが双方向の会話であることを示しています。

> It was very nice to **talk** to you.　　お話しできて楽しかったです。
> I **talked** with my son on the phone.
> 　　　　　　　　　　　　　私は電話で息子と話しました。

どちらもtalkが相手との「対話」になっていますね。

sayのイメージは「(〜と) 言う」

動詞sayが持つイメージは、

（〜という言葉を）言う

です。このため、多くの場合、sayの後には具体的な言葉が続きます。
● **Say hello to your family.**
この文では、hello（よろしく）というメッセージを伝えようとしています。

> **Say** cheese!
> はい、チーズ！

写真を撮るときの、日英共通の決まり文句です。

第2章 ● 一般動詞を使いこなそう

I'm calling to **say** thank you.
　　　　　　　　あなたにお礼を言うために電話しました。

伝えようとしているメッセージはthank you（ありがとう）ですね。

tellのイメージは「伝える」

「話す」という動詞の4番め、tellのイメージは、

（何かを）伝える、教える

で、話の方向性は単方向です。

● **Can you tell us about the life in Africa?**
　この文では、情報を与える相手（us）と内容（the life in Africa）がはっきり示されています。このように、tellは〈tell＋相手＋内容〉で「（人に何かを）伝える」という意味を表します。

To **tell** you the truth, I don't like him.
　　　　　　　　正直に言うと、彼のことを好きではないの。
- Really? **Tell** me the reason.　本当？理由を教えてよ。

どちらの文も、相手と話の内容がはっきりしていますね。

71

LESSON 9 theの使い方

　ここまでで基本動詞のイメージがつかめたでしょうか。さて、ここで動詞を離れて、私たち日本人が英語を学ぶ上で、どうもよくわからないと感じる難問のひとつ、theのイメージをみてみましょう。

There is a book on the desk. **The** book is mine.	机の上に本があります。その本は私のものです。
The picture on the wall was very expensive.	壁にかかっている絵は、とても高かったのです。
I want to travel around **the** world.	私は世界一周旅行がしたいです。

theのイメージは「ひとつに特定されたもの」

　定冠詞theの基本イメージは、

ひとつに特定されたもの

です。

　「難しい」と拒否反応を起こしてしまいがちなtheも、この原則さえ押さえておけば、楽に使えるようになります。次に、どのようなときにtheを使うのか、ルールを覚えていきましょう。

最初はa（an）、2度めはthe

● There is a book on the desk.
　The book is mine.

　前の文でa bookが話題になり、ひとつに特定されました。このため、次の文ではthe bookとすれば、それが前の文に出てきた本であることがわかります。
　最初にa（an）で話題になったものは、すでに特定されているので、2度めからはa（an）をtheに換えます。

状況から特定できるものにはthe

● The picture on the wall was very expensive.

　この文では、pictureは前に話題になったわけではありませんが、on the wall（壁にかかっている）というように状況を限定しているので、ひとつに特定できます。このような場合、冠詞はtheになります。

　　The cherry blossoms in Yoshino are very famous.
　　吉野の桜はとても有名です。

ひとつしかないものにはthe

● I want to travel around the world.

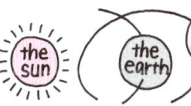

　world（世界）、sun（太陽）、earth（地球）などはこの世にひとつしかありません。theが「ひとつに特定されたもの」につくというイメージをつかんでいれば、このような単語には当然theがつきますね。

　　The moon is full tonight.　　今夜は満月です。

Column 2 電話を受けたときは？②

　Column 1（44 ページ参照）でお名前や社名を確認したら、担当者につなぎます。担当者が不在の場合は、伝言を預かったり、用件をメールで送ってもらいましょう。

電話をつなぐ

Certainly. かしこまりました。

person in charge は「担当者」という意味です。

I'll get you the person in charge.
担当者におつなぎします。

担当者が不在の場合

Tanaka is out now.
田中は外出しております。

冒頭に I'm afraid をつければ「残念ながら」という意味が加わります。

担当者が男性なら him、女性なら her を使いましょう。

Would you like him/her to call you back?
折り返しお電話をさせましょうか？

May I take a message for him/her?
ご伝言をお預かりしましょうか？

inquiries は「聞きたいこと、質問」という意味です。

Could you send your inquiries by e-mail?
お問い合わせ内容をメールでお送りいただけますか？

Our e-mail address is xxxxx@chugakueigo.com.
弊社のメールアドレスは、xxxxx@chugakueigo.comです。

電話を切る

Thank you for calling us.
お電話ありがとうございました。

Have a great day. よい一日をお過ごしください。

第3章

英語の「現在」、「過去」、「未来」をマスターしよう

LESSON 1 英語は「時」を はっきり示す

　第1章、第2章で紹介した文は基本的にすべて「現在形」でした。でも、実際の会話では過去のことも、未来のことも話さなければなりません。この章では、さまざまな「時」を表す基本ルール（時制）について説明します。

Jackie **plays** the piano everyday.	ジャッキーは毎日ピアノを弾きます。　　　　　（現在形）
Jackie **is playing** the piano now.	ジャッキーは今、ピアノを弾いています。（現在進行形）
Jackie **played** the piano yesterday.	ジャッキーは昨日ピアノを弾きました。　　　　（過去形）
Jackie **will play** the piano tomorrow.	ジャッキーは明日ピアノを弾きます。　　　　　（未来形）

　上の4つの文は、Jackie（主語）、play（動詞）、the piano（目的語）という文の要素は共通ですが、表している「時」がそれぞれ異なっています。everyday（毎日）、now（今）、yesterday（昨日）、tomorrow（明日）という「時」を表す言葉に応じて、動詞の形が変化していることに注目してください。

現在形では　　　　plays
現在進行形では　　is playing
過去形では　　　　played
未来形では　　　　will play

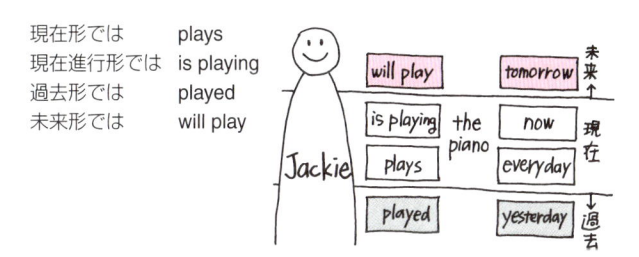

になっていますね。このように、英語では動詞の形がその文の「時」を示します。

時制の基本は「現在」、「過去」、「未来」

「時」を構成する基本的な要素は「現在」、「過去」、「未来」です。英語では、「過去」-「現在」-「未来」という時間軸上のどの地点について話すのかによって、動詞の形が変化します。

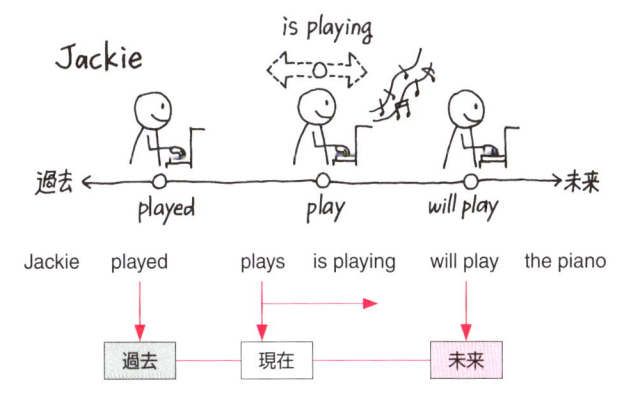

Jackie　played　plays　is playing　will play　the piano

過去　現在　未来

英語では、どの「時」について話すのかをはっきり決めることが重要です。

LESSON 2 「今、〜している」は現在進行形

現在形に続く時制の第1弾は、「今、〜しているところです」を表す現在進行形です。現在進行形は、その名のとおり、「現在進行している動作」を表します。

I **am taking** a shower.	私はシャワーを浴びています。
They **are taking** a shower.	彼らはシャワーを浴びています。
George **is taking** a shower.	ジョージはシャワーを浴びています。

現在進行形 ＝ be動詞 ＋（動詞 ＋ ing）

　左頁の3つの文は、どれも「今、シャワーを浴びているところです」を表す現在進行形です。どれも〈be動詞＋taking〉の形になっていますね。このように、現在進行形をつくるときのルールは、

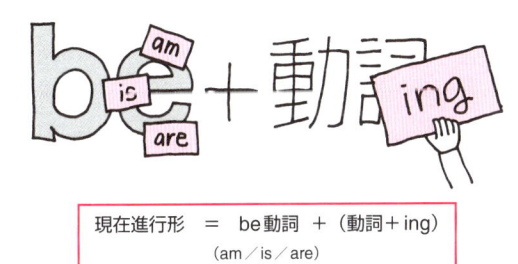

> 現在進行形 ＝ be動詞 ＋（動詞＋ing）
> 　　　　　　　（am／is／are）

です。現在進行形では、主語によってbe動詞を使い分けることがポイントになります（14、15ページ参照）。

現在進行形の文をつくろう

He drinks beer.
彼はビールを飲みます。

　この文を現在進行形にしましょう。現在進行形のルールに当てはめて、
1. 動詞の前にbe動詞を置く。この文では主語がHeなのでbe動詞はis。
2. 動詞drinksの原形（drink）をing形のdrinkingに変える。

現在進行形　　He is **drinking** beer.　彼はビールを飲んでいます。

現在進行形の否定文と疑問文

現在進行形の否定文と疑問文は、第1章で学習したbe動詞の文とまったく同じ方法でつくります（11ページ参照）。つまり、

> 否定文は〈be動詞 + not〉

> 疑問文は主語とbe動詞をひっくり返す

がつくり方のルールです。

肯定文 I am watching TV.　　　　私はテレビを見ています。
否定文 I **am not** watching TV.　　私はテレビを見ていません。

肯定文 **Anne is** cleaning her room.
　　　　　　　　　　　　アンは自分の部屋を掃除しています。
疑問文 **Is Anne** cleaning her room?
　　　　　　　　　　　　アンは自分の部屋を掃除していますか？

　－ Yes, she is.　　　　はい、しています。
　　 No, she isn't.　　　いいえ、していません。

be動詞を使った現在形の文と同じ形なので、わかりやすいですね。

第3章 ● 英語の「現在」、「過去」、「未来」をマスターしよう

■ ダイアログ8　現在進行形を使って話そう

John	I'm looking for Hiroshi. Where is he?
Linda	He's in the meeting room.
John	What is he doing?
Linda	He's talking with the general manager. They are making plans for next week.

ジョン	ヒロシを捜しているんだ。どこにいるのかな？
リンダ	会議室にいるわよ。
ジョン	何をしているの？
リンダ	部長と話をしているわ。
	来週の予定を立てているのよ。

単語
general manager: 部長　　　　　make plans for ~: ～の計画を立てる

この表現を覚えよう！

● **I'm looking for Hiroshi.**　　ヒロシを捜しているんだ。

look for ～「～を捜す」。

● **What is he doing?**　　（彼は）何をしているの？

主語がyouであれば、What are you doing? になります。この表現は会話でよく使われます。こう聞かれたら現在進行形で、

　　He is listening to the radio.　　（彼は）ラジオを聴いています。

　　I am cooking in the kitchen.　　（私は）台所で料理をしています。

のように答えます。

LESSON 3

「〜だった」は過去形

be動詞の過去形

現在進行形に続いて、現在より前のことを言う過去形をマスターしましょう。まず、「〜でした」、「〜にいました／〜にありました」を表すbe動詞の過去形です。

I **was** busy yesterday.	私は昨日、忙しかったです。
We **were** in Tokyo last month.	私たちは先月、東京にいました。
Steve **was** sick at that time.	スティーブはそのとき病気でした。

be動詞の過去形はwasとwere

上の3つの文は、すべて過去形です。現在形の文と比較すると、

現在形　I **am** busy today.　　　　　　　私は今日、忙しいです。
過去形　I **was** busy yesterday.　　　　　私は昨日、忙しかったです。

現在形　We **are** in Tokyo this month.　　私たちは今月東京にいます。
過去形　We **were** in Tokyo last month.　私たちは先月東京にいました。

現在形　Steve **is** sick now.　　　　　　スティーブは今、病気です。
過去形　Steve **was** sick at that time.　　スティーブはそのとき病気でした。

です。

現在形と過去形の文のbe動詞に注目すると、

am／is → **was**

are → **were**

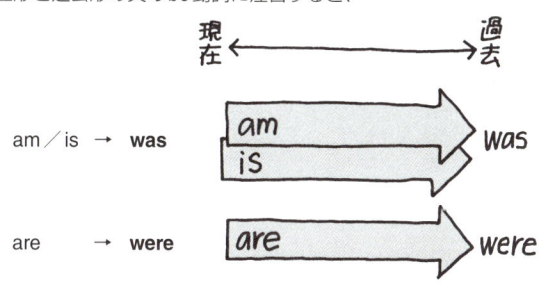

に変化しています。つまり、現在形ではam、is、areの3種類あるbe動詞が、過去形ではwasとwereの2種類になるのです。

be動詞の過去形の否定文と疑問文

　be動詞の過去形の否定文と疑問文は、第1章で学習したbe動詞現在形の文とまったく同じ方法でつくります。つまり、

> 否定文は〈be動詞 + not〉

> 疑問文は主語とbe動詞をひっくり返す

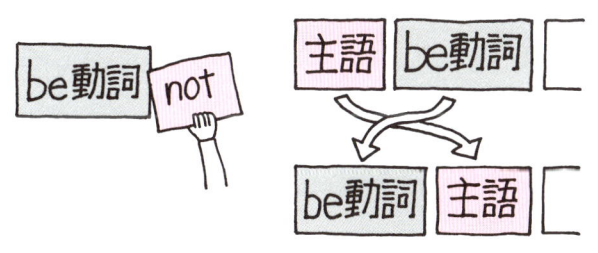

がつくり方のルールです。

現在形	The exam **is** easy.	試験は簡単です。
過去形	The exam **was** easy.	試験は簡単でした。
否定文	The exam **wasn't** easy.	試験は簡単ではありませんでした。
		(wasn't は was not の短縮形)
疑問文	**Was** the exam easy?	試験は簡単でしたか？
	− Yes, it **was**.	はい、簡単でした。
	No, it **wasn't**.	いいえ、簡単ではありませんでした。

The exam was ~~not~~ / ~~wasn't~~ easy.

Was the exam easy?

「〜がありました」も be 動詞過去形

「〜があります／〜がいます」を表す There is (are) ~ は be 動詞の文です。このため、be 動詞を過去形に変えるだけで、「〜がありました／〜がいました」という過去形の文ができます。

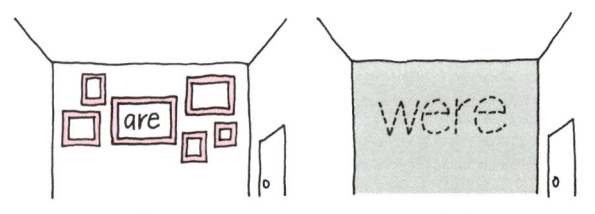

現在形
There **are** many pictures
on the wall.
壁には写真がたくさん
かかっています。

過去形
There **were** many pictures
on the wall.
壁には写真がたくさん
かかっていました。

同じように、「~がいくつありますか（いますか）」を表すHow many ~s are there ...? の文も、be動詞areをwereに変えれば過去形になります。

現在形
How many passengers **are** there in the train?
列車には何人乗客がいますか？

過去形
How many passengers **were** there in the train?
列車には何人乗客がいましたか？

－ There **were** about a hundred.
100人ぐらいいました。

be動詞の文については、それぞれの主語に対応するbe動詞の形をしっかり覚えておけば、過去形になっても難しくはありませんね。

LESSON 4 「〜した」は過去形
一般動詞の過去形

では、be動詞以外の動詞を使って過去のことを言う場合はどうするのでしょうか。

We **played** tennis last Sunday.	私たちはこの前の日曜日にテニスをしました。
We **didn't play** tennis last Sunday.	私たちはこの前の日曜日にテニスをしませんでした。
Did you **play** tennis last Sunday?	あなたたちはこの前の日曜日にテニスをしましたか？

動詞に-edをつけて過去形に

過去形の文では、動詞が過去形に変化します。多くの一般動詞は、原形の語尾に-edをつければ過去形になります（このような動詞は、規則的に変化するため、規則動詞といいます）。

現在形 We **play** tennis every Sunday.
　　　私たちは毎週日曜日にテニスをします。
過去形 We **played** tennis last Sunday.
　　　私たちはこの前の日曜日にテニスをしました。

この文では、動詞playは規則動詞なので、-edをつけて過去形playedにします。

規則動詞の過去形のつくり方

規則動詞の過去形のつくり方には、次のようなパターンがあります。

① 動詞の原形に-edをつける。
work → work**ed**、clean → clean**ed**など。
これが最も多い基本パターンです。

② 語尾がeで終わる動詞には-dだけをつける。
move → move**d**、live → live**d**など

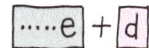

③ 語尾が〈子音字＋y〉で終わる動詞は、yをiに変えて-edをつける。
study → stud**ied**、cry → cr**ied**など

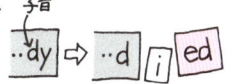

④ 語尾が〈短母音＋子音字〉で終わる動詞は、最後の子音字を重ねてから-edをつける。
stop → stop**ped**、step → step**ped**

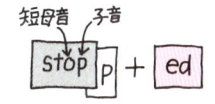

不規則に変化する動詞

動詞の中には、原形が不規則に変化して、まったく別の形の過去形をつくるものがあります。このような動詞を不規則動詞といいます。

● have → had
I **had** an appointment with my dentist yesterday.
昨日は歯医者さんの予約がありました。

● go → went
Mary **went** to Bob's birthday party last night.
メアリーは昨夜、ボブの誕生日パーティーに行きました。

● see → saw
I **saw** Mr. Howard on the street.
通りでハワードさんに会いました。

過去形の否定文、疑問文のつくり方

一般動詞現在形の文では、否定文、疑問文にはdoまたはdoesが使われますが、過去形の文では、do、doesの過去形didを使います。否定文、疑問文をつくるときのルールは、do、doesをすべてdidに変えること以外は現在形と同じです。didがある文では、動詞は原形に戻ります。

> 過去形の否定文 ＝ 主語 ＋ didn't ＋ 動詞の原形 …．

肯定文 **John called** Linda last night.
ジョンは昨夜、
リンダに電話をしました。

否定文 **John didn't call** Linda last night.
ジョンは昨夜、
リンダに電話をしませんでした。

> 過去形の疑問文 ＝ Did ＋ 主語 ＋ 動詞の原形 …？

疑問文 **Did John call** Linda last night?
ジョンは昨夜、
リンダに電話をしましたか？

- Yes, he **did**.
  はい、しました。
- No, he **didn't**.
  いいえ、しませんでした。

第3章 ● 英語の「現在」、「過去」、「未来」をマスターしよう

■ ダイアログ9　過去形を使って話そう

Richard	Hiroshi, I called your hotel last night, but you weren't there.
Hiroshi	Oh, sorry. I came back late last night.
Richard	Where were you?
Hiroshi	I was in the office.
Richard	Did you have a lot of work?
Hiroshi	Yes, I did. But I worked hard and finished everything.

リチャード	ヒロシ、ゆうべ君のホテルに電話をしたのだけど、いなかったね。
ヒロシ	ああ、ごめん。ゆうべは遅く戻ったんだ。
リチャード	どこにいたの？
ヒロシ	会社だよ。
リチャード	仕事がたくさんあったのかい？
ヒロシ	うん、そうなんだ。でも、一生懸命仕事をして、全部終わらせたよ。

この表現を覚えよう！

● **I came back late last night.**　昨日の夜は遅く戻ったんだ。

came back lateは「遅く帰宅した」。逆に、「早く帰宅した」はcame back earlyです。

● **Where were you?**　どこにいたの？

「どこに行ったの？」は、Where did you go? となります。

● **Did you have a lot of work?**　仕事がたくさんあったのかい？

この文ではworkを数えられない名詞として使っているので、「たくさんの仕事」はmany worksではなくa lot of workとなります。

LESSON 5

「〜だろう、〜するつもりだ」は未来形

現在進行形、過去形と時制の幅が広がってきました。次は未来、予定、意志について話すときに使う will と be going to をマスターしましょう。

I **will** come home by 7 o'clock tonight.	私は今夜、7時までに帰宅します。
I **won't** come home by 7 o'clock tonight.	私は今夜、7時までには帰宅しません。
Will you come home by 7 o'clock tonight?	あなたは今夜、7時までに帰宅しますか？
– Yes, I **will**. – No, I **won't**.	はい、帰宅します。 いいえ、帰宅しません。

未来を表す助動詞 will

will は未来のことを話すときに使う助動詞です。助動詞については第4章で詳しく取り上げますが、ここでは「〜だろう／〜するつもりだ」という、未来や予定を表す will の使い方を説明します。

I will come home by 7 o'clock tonight.

will →未来

第3章 ● 英語の「現在」、「過去」、「未来」をマスターしよう

willなどの助動詞が使われている文では、後に続く動詞は原形になります。このルールは否定文、疑問文にも共通です。by 7 o'clockのbyは「〜までには」という期限を表します。

willは前に置かれる主語と合体して、I'll／You'll／They'll…のような短縮形になります。

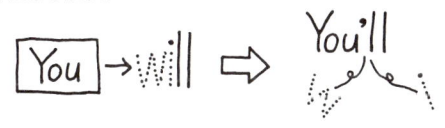

You → will ⇒ You'll

willを使った否定文、疑問文のつくり方

willを使った否定文や疑問文は、doやdidの文と同じルールに従ってつくります。つまり、

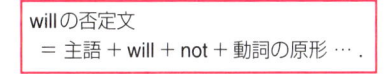

```
willの否定文
＝ 主語 ＋ will ＋ not ＋ 動詞の原形 … .
```

I　　won't　　come　　home by 7 o'clock tonight.

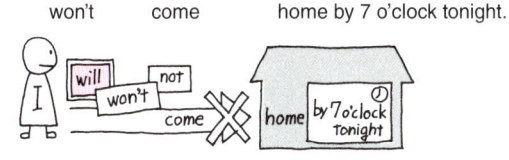

となります。won'tはwill notの短縮形です。

willの疑問文は、主語とwillをひっくり返してつくります。

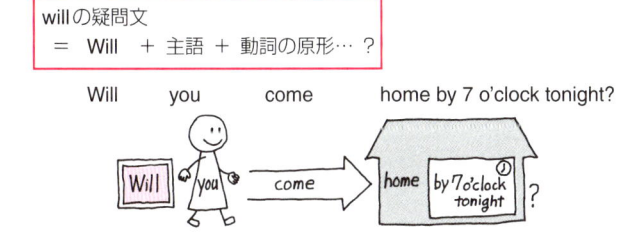

```
willの疑問文
＝ Will ＋ 主語 ＋ 動詞の原形… ?
```

Will　　you　　come　　home by 7 o'clock tonight?

次の例でこのルールを確認しましょう。

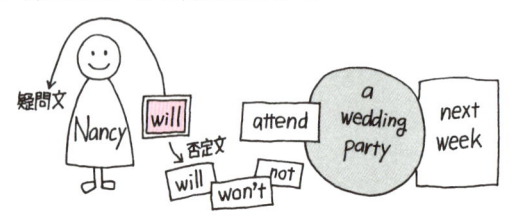

肯定文 Nancy will attend a wedding party next week.
ナンシーは来週、結婚パーティーに出席します。
否定文 Nancy won't attend a wedding party next week.
ナンシーは来週、結婚パーティーには出席しません。
疑問文 Will Nancy attend a wedding party next week?
ナンシーは来週、結婚パーティーに出席しますか？
— Yes, she will. ／ No, she won't.
はい、出席します。／いいえ、出席しません。

もうひとつの未来形、be going to ~

willと同じように未来のことや予定を言う表現に、be going to ~ があります。be動詞の形は主語によって決まります（14、15ページ参照）。

be動詞　＋　going to　＋　動詞の原形

I **will take** a vacation next month.　＝　**I am going to take** a vacation next month.
私は来月、休暇をとります。

We **will climb** Mt. Fuji this summer. ＝ We **are going to climb** Mt. Fuji this summer.
私たちはこの夏、富士山に登ります。

be going to ~ の否定文と疑問文のつくり方

be going to ~ の否定文と疑問文は、be動詞の文と同じルールに従ってつくります。つまり、否定文ではbe動詞の後にnotを置きます。前の２つの文を否定文にしてみましょう。

否定文 ＝ 主語＋be動詞＋not＋going to＋動詞の原形

I am not going to take vacation next month.
私は来月、休暇をとるつもりはありません。

We are not going to climb Mt. Fuji this summer.
私たちは今度の夏、富士山には登りません。

疑問文ではbe動詞を主語の前にもっていきます。

疑問文 = be動詞 + 主語 + going to + 動詞の原形

  Are you going to take a vacation next month?

あなたは来月、休暇をとるつもりですか？

- Yes, I am.
 はい、とるつもりです。

- No, I'm not.
 いいえ、とるつもりはありません。

Are you going to climb Mt. Fuji this summer?
あなたたちは今度の夏、富士山に登りますか？

- Yes, we are.
 はい、登ります。

- No, we aren't.
 いいえ、登りません。

■ ダイアログ 10　未来形を使って話そう

John	I'll take a vacation next week.
Hiroshi	What are you going to do?
John	I'm going to visit San Francisco.
Hiroshi	That's great! Will you go by yourself?
John	Yes, but my cousin lives there. He'll show me around.
Hiroshi	Are you going to visit the Fisherman's Wharf?
John	Yes, I'll have a lot of seafood there.
ジョン	僕は来週、休暇をとるんだよ。
ヒロシ	何をするんだい？
ジョン	サンフランシスコへ行くんだ。
ヒロシ	いいね！ 1人で行くの？
ジョン	そうだよ、でも、僕のいとこがそこに住んでいてね。 彼が案内してくれるんだよ。
ヒロシ	フィッシャーマンズ・ワーフには行くの？
ジョン	うん、そこでシーフードをたくさん食べるつもりなんだ。

この表現を覚えよう！

● **What are you going to do?**　何をするんだい？

What、Whereなどの疑問詞を使って未来のことをたずねるときは、文の最初に疑問詞を置き、未来形の疑問文を続けます。

　　Where are you going to stay?　どこに滞在するのですか？
　　Who will play golf with you?
　　　　　　　　　　　　誰があなたと一緒にゴルフをするのですか？

● **Will you go by yourself?**　1人で行くの？

by yourselfは「あなた1人で」。「私1人で」はby myself、「私たちだけで」はby ourselves。

LESSON 6 いつ？ Whenの使い方

「時」をたずねる疑問詞Whenの使い方をマスターしましょう。現在形、過去形、未来形をフルに活用すれば、「時」に関する様々なことをたずねたり、答えたりできます。

When is your birthday?	誕生日はいつですか？
– It's April 7th.	4月7日です。
When did you come back from the U.S.?	いつアメリカから帰ったのですか？
– I came back last Sunday.	この前の日曜日です。
When will they move to Osaka?	彼らはいつ大阪に引っ越すのですか？
– They will move next spring.	今度の春です。

Whenを使って「時」をたずねる

6つめの疑問詞は、「いつ〜？」と「時」をたずねるWhenです。

肯定文 My birthday is April 7th.
私の誕生日は4月7日です。

疑問文 Is your birthday April 7th?
あなたの誕生日は4月7日ですか？

第3章 ● 英語の「現在」、「過去」、「未来」をマスターしよう

下線部分がわからないときは、Whenに置き換えて文の最初に置きます。

Whenを使った疑問文

When is your birthday？
あなたの誕生日はいつですか？
− It's April 7th.
  4月7日です。

＊日付を表す数字は、first、second、third、fourth、fifth…です。

過去や未来の「時」をたずねる

Whenを使った疑問文のつくり方は、過去や未来のことをたずねる場合も同じです。

● 過去形

肯定文　I came back from the U.S. last Sunday.
　　　　私はこの前の日曜日にアメリカから帰りました。

疑問文　Did you come back from the U.S. last Sunday?
　　　　あなたはこの前の日曜日にアメリカから帰ったのですか？

下線部分がわからないときは、Whenに置き換えて文の最初に置きます。

Whenを使った疑問文

When did you come back from the U.S.?
あなたはいつアメリカから帰ったのですか？
− I came back last Sunday.
  この前の日曜日です。

● **未来形**

肯定文　They will move to Osaka next spring.
　　　　彼らは今度の春、大阪へ引っ越します。

疑問文　Will they move to Osaka next spring?
　　　　彼らは<u>今度の春</u>、大阪へ引っ越すのですか？

　下線部分がわからないときは、Whenに置き換えて文の最初に置きます。

Whenを使った疑問文

　　When will they move to Osaka?
　　彼らはいつ大阪へ引っ越すのですか？

　　― They'll move next spring.
　　今度の春です。

　未来のことを言うもうひとつの表現、be going to ~もWhenと共に使うことができます。

When are you going to visit your sister in London?
ロンドンにいるお姉さんにはいつ会いに行くのですか？

― I'm going to visit her this summer.
　今度の夏、会いに行きます。

■ ダイアログ11　When ~? を使って話そう

Steve	I saw Hiroshi yesterday. He's in New York now.
Anne	Really? When did he come to New York?
Steve	Last week. He said hello to you.
Anne	I want to see him. When will he go back to Japan?
Steve	He'll leave next week. I'll call him and arrange dinner. When do you have time?
Anne	Any time is fine.

スティーブ	昨日、ヒロシに会ったよ。彼は今、ニューヨークにいるんだ。
アン	本当？　いつニューヨークに来たの？
スティーブ	先週だ。彼が君によろしく、って言っていたよ。
アン	彼に会いたいわ。いつ日本に帰るのかしら？
スティーブ	来週、発つんだ。 僕が彼に電話をして夕食をアレンジするよ。 君はいつ時間があるの？
アン	いつでもいいわよ。

この表現を覚えよう！

● **He said hello to you.**　　彼が君によろしく、って言っていたよ。

say hello to ~ は、「~によろしく伝える」という意味で、会話でよく使われます。
　Say hello to your wife.　　奥さんによろしく。

● **When do you have time?**　　君はいつ時間があるの？

厳密には現在より先のことなので未来形ですが、「時間がありますか？」とたずねる場合は、慣用的に現在形を使うこともできます。

● **Any time is fine.**　　いつでもいいわよ。

「いつでもいい」には、このほかに At any time. という表現もあります。

LESSON 7

なぜ？
Whyの使い方

　この本で最後に登場する疑問詞は、「理由」をたずねるWhyです。「なぜ？」と聞かれているのですから、答えるときには理由を説明する必要があり、会話が少し高度になりますが、キーワードを覚えれば難しくはありません。

Why do you speak English so well?	なぜ英語がそんなに上手なのですか？
– **Because** I lived in England for a year.	イギリスに１年間住んでいたからです。
Why were you late for the appointment?	なぜ約束の時間に遅れたのですか？
– **Because** I missed the train.	電車に乗り遅れたからです。
Why are you going to work this weekend?	なぜこの週末に仕事をするのですか？
– **Because** we will have a special event.	特別なイベントがあるからです。

Whyを使って「理由」をたずねる

Whyは「なぜ〜なのですか?」と理由をたずねるときに使う疑問詞です。Whyで「なぜ?」と聞かれたら、Becauseを使って「なぜかと言うと、〜だからです。」と答えるのが基本です。Why－Becauseと組み合わせて覚えましょう。

Whyを使った疑問文は、他の疑問詞と同じように、疑問文の前にWhyを置くのがつくり方のルールです。「なぜかと言うと、〜だからです」という答は、文の最初にBecauseをつけるだけで完成です。

● be動詞の場合

Why are you so excited? なぜそんなに興奮しているの?
− **Because** I saw a movie star! 映画スターを見たからよ!

● 一般動詞の場合

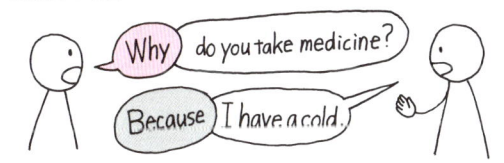

Why do you take medicine? なぜ薬を飲んでいるのですか?
− **Because** I have a cold. 風邪をひいているからです。

過去や未来の「理由」をたずねる

Whyを使った疑問文のつくり方や、Becauseを使った答え方は、過去や未来のことを話す場合も同じです。

● 過去形

> **Why** did Michiko move to a new apartment?
> ミチコはなぜ新しいアパートに引っ越したのですか？

- **Because** she **wanted** to live near the park.
  公園のそばに住みたかったからです。

● 未来形

Why will you go to the airport tomorrow?
なぜ明日空港に行くのですか？

- **Because** my husband **will** arrive from New York.
  夫がニューヨークから到着するからです。

■ ダイアログ12　　Whyを使って話そう

Hiroshi	I'll go out for lunch, Janet. I'm very hungry.
Janet	It's not lunch time yet. Why are you so hungry?
Hiroshi	Because I didn't have breakfast today.
Janet	Why did you skip breakfast?
Hiroshi	Because I played video game until midnight and I overslept.
Janet	Again? Why don't you stop that?
Hiroshi	I don't know. I'll think about it over lunch.
ヒロシ	ジャネット、昼食のために外出するよ。 すごくお腹が空いているんだ。
ジャネット	まだお昼休みじゃないわよ。 どうしてそんなにお腹が空いているの？
ヒロシ	今日は朝食を取らなかったからだよ。
ジャネット	なぜ朝食を抜いたの？
ヒロシ	夜中までテレビゲームをやっていて、寝過ごしたんだ。
ジャネット	また？どうしてやめないのよ？
ヒロシ	わからないね。昼食を取りながら考えるよ。

単語
skip: 省く　　　　　　　　　　　　　　midnight: 真夜中
overslept: oversleep（寝過ごす）の過去形

この表現を覚えよう！

● **go out for lunch　　昼食のために外出する**
　go out for ~ は、「~のために外出する」の意味です。

● **Because I played video game until midnight ...**
　夜中までテレビゲームをやっていて…
　until ~ は、ある時点まで継続することを表す「~まで」という意味です。

● **I'll think about it over lunch.　　昼食を取りながら考えるよ。**
　この文のover ~ は、「~しながら」を表します。

REVIEW 疑問詞のまとめ

　疑問詞を使った質問とその答のパターンを覚えておけば、会話の幅が広がり、流れもスムーズになります。ここで、それぞれの疑問詞の使い方と、その答え方を復習しましょう。

● What
「何?」-「もの」についてたずねる

What is this?　　　　　　　　　これは何ですか?
- It's a cellular phone.　　　　　携帯電話です。

What languages do you speak?　あなたは何語を話しますか?
- I speak Japanese and English.　日本語と英語を話します。

● Who
「誰?」-「人」についてたずねる

Who are they?　彼らは誰ですか?

- They are my parents.　私の両親です。

Who will go to Europe with you?
　　　　　　　誰があなたと一緒にヨーロッパへ行くのですか?
- Mr. Yamamoto will go with me.　山本さんが一緒に行きます。

● Whose
「誰のもの?」- 持ち主をたずねる

Whose car is that?　　　　　あれは誰の車ですか?
- It's my father's.　　　　　　私の父のです。

Whose glasses are these?　これは誰のメガネですか?
- They're mine.　　　　　　　私のです。

● Where

「どこ？」-「場所」についてたずねる

Where is my wallet? 私の財布はどこ？
- It's on the table. テーブルの上だよ。
Where will you visit in New York?
ニューヨークではどこに行くの？
- I'll visit Central Park. セントラルパークに行くんだ。

● When

「いつ？」-「時」についてたずねる

When did you get married. あなたたちはいつ結婚したのですか？
- Last year. 去年です。
When will Masayo leave for Paris?
マサヨはいつパリに出発するの？
- She'll leave next Saturday. 今度の土曜日に発つのよ。

● Why

「なぜ？」- 理由をたずねる

Why do you study English?
あなたはなぜ英語を勉強しているの？
- Because I want to live in the U.S. someday.
いつかアメリカに住みたいからだよ。
Why didn't Akio come to the party?
アキオはなぜパーティーに来なかったの？
- Because he had cold. 風邪をひいていたからだよ。

● How

「どうやって？／どれぐらい？」
- 方法や程度をたずねる

How old are you? おいくつですか？
- I'm 30 years old. 30歳です。
How many children does Hiromi have?
ヒロミには何人子供がいるの？
- She has two sons and a daughter.
息子が２人と娘が１人いるよ。
How will you go to Narita Airport?
成田空港へはどうやって行くの？
- I'll take a train. 電車に乗るよ。

Column 3　ビジネスメールの書き方①

インターネットが世界をつないでいる今、海外からの連絡は主にメールで届きます。基本的なメールの書き方を覚えて、失礼のない対応を心がけましょう。

冒頭

Dear Mr. Adams: アダムズ様：

自己紹介（初めてのやりとり）

My name is Mitsuko Noda.
私は野田みつ子と申します。

I am in charge of accounting at ABC.
ABC社で経理を担当しています。

> ビジネスメールでは I'm などの短縮形は使いません。

最初のひと言（以前やりとりがあった場合）

I apologize for the delay in replying to you.
お返事が遅れて申し訳ありません。

Thank you for sending me the file.
先日はファイルをお送りいただき、ありがとうございます。

> 前回の感謝を述べるのは、一般的な切り出し方です。

メールの目的を説明する

I am writing to let you know the date of our meeting.
商談の日付をお知らせしたく、ご連絡をさしあげました。

> business meeting（商談）はこのように meeting だけでも OK。

I am emailing you to ask some questions about the product.
製品について質問があり、メールを送らせていただきました。

第4章

助動詞ひとつで英語の世界がグ〜ンと広がる

LESSON 1 助動詞の共通ルール

　助動詞の基本的な使い方については第3章で登場したwillですでに学習していますが、この章では、その他の様々な助動詞について説明します。

I **will** wash my car tomorrow.	私は明日、車を洗います。
I **won't** wash my car tomorrow.	私は明日、車を洗いません。
Will you wash your car tomorrow?	あなたは明日、車を洗いますか？
– Yes, I **will**. – No, I **won't**.	はい、洗います。 いいえ、洗いません。

助動詞のルールはすべて共通

　助動詞はたった1語で文全体を方向づける、なかなか強力な単語なのです。
上の文の主語IをMy fatherに変えるとどうなるでしょうか。

My father **will** wash his car tomorrow.
父は明日、車を洗います。

主語がIからHeに変わっても、助動詞はwillのままです。助動詞はdo、doesのように主語によって形が変化することはありません。また、動詞は主語がHeに変わっても-sがつくことはなく、原形のままです。このようなルールは、すべての助動詞に共通するものです。

助動詞のルール

・助動詞は動詞の前に置く　　・助動詞の後の動詞は必ず原形

否定文と疑問文

willを使った否定文をつくってみましょう。

I **won't** wash my car tomorrow.
私は明日、車を洗いません。

won'tはwill notの短縮形です。このように、否定文ではwillの後にnotを置きます。

次に、疑問文とその答はどうなるでしょうか。

Will you wash your car tomorrow?
あなたは明日、車を洗いますか？

- Yes, I **will**.
 はい、洗います。
- No, I **won't**.
 いいえ、洗いません。

疑問文をつくるときは、主語とwillをひっくり返して、willを文の最初にもっていきます。以上をまとめると、

| 助動詞を使った否定文 ＝ 主語 ＋ 助動詞 ＋ not ＋ 動詞の原形 … ． |
| 助動詞を使った疑問文 ＝ 助動詞 ＋ 主語 ＋ 動詞の原形 … ？ |

となります。

LESSON 2 助動詞 can を使いこなそう

　can は will と並んで、会話でとてもよく使われる助動詞です。can は「〜ができる」という意味が最も知られていますが、他にもいくつかの使い方があります。また、「〜ができる」を表す can は、be able to 〜 にいい換えられます。

Alan **can** swim very well.	アランはとても上手に泳ぐことができます。	（能力）
You **can** take this book.	この本を持っていっていいですよ。	（許可）
Anybody **can** make mistakes.	誰だって間違えることはあります。	（可能性）

can の意味① 「〜できる」

　can の意味の中で最もよく使われるのが、「〜ができる」という**能力**を表す用法です。can は助動詞ですから、文の作り方は will とまったく同じです。

肯定文　Alan **can** swim very well.
　　　　　アランはとても上手に泳ぐことができます。

　　　　　can の後に not をつけると、
　　　　　　　↓
否定文　Alan **can't** swim very well.
　　　　　（can't は cannot の短縮形）
　　　　　アランはあまり上手に泳ぐことができません。

canを文の最初に置くと、

疑問文 **Can** Alan swim very well?
アランはとても上手に
泳ぐことができますか？

― Yes, he **can**.
　はい、できます。

― No, he **can't**.
　いいえ、できません。

I **can** repair this computer.
私はこのコンピューターを修理できます。

We **can** finish this work in a few hours.
私たちは数時間以内にこの仕事を終えることができます。

canの意味② 「～してもよい」

canには「～してもよい」という**許可**の意味もあります。canの他に、Lesson 4で説明する助動詞may（118ページ参照）も許可を表します。

You **can** take this book.　　この本を持っていっていいですよ。
You **can** count on me.　　　私を頼りにしていいですよ。

疑問文は「〜してもいいですか？」の意味になります。

Can I talk to you for a moment?　少しお話ししてもいいですか？

Can I ask you a favor?　ちょっとお願いしてもいいですか？

canの意味③　「ありうる」

canの3つめの意味は、「ありうる」という**可能性**です。

Anybody **can** make mistakes.
　　　　　　　誰だって間違えることはあります。

Anything **can** happen in an emergency.
　　　　　　　緊急時にはどんなことでも起こりえます。

可能性を表すcanの疑問文は「〜だろうか？」、否定文は「〜のはずがない」の意味になります。

Can it be true?　それは本当なのですか？

She **can't** be serious.　彼女が本気であるはずがありません。

canの過去形could

canの過去形はcould。「～できた」という過去の意味になります。couldも助動詞ですから、文のつくり方はcanとまったく同じです。

● 例1

現在形　Nancy **can** take a flight to Chicago.
　　　　ナンシーはシカゴ行きの飛行機に乗ることができます。

過去形　Nancy **could** take a flight to Chicago.
　　　　ナンシーはシカゴ行きの飛行機に乗ることができました。

● 例2

現在形　Takeshi **can** make a speech in English.
　　　　タケシは英語でスピーチをすることができます。

過去形　Takeshi **could** make a speech in English.
　　　　タケシは英語でスピーチすることができました。

canをcouldに変えるだけで過去形の文ができます。couldを使った否定文と疑問文は、

否定文 Nancy **couldn't** take a flight to Chicago.
（couldn'tはcould notの短縮形）
ナンシーはシカゴ行きの飛行機に乗ることができませんでした。

疑問文 **Could** Nancy take a flight to Chicago?
ナンシーはシカゴ行きの飛行機に乗ることができましたか？

― Yes, she **could**. ／ No, she **couldn't**.
はい、できました。／いいえ、できませんでした。

丁寧に頼むときはCould you ～？

Could you ～ ?という形の疑問文は、「～していただけますか？」という丁寧な依頼の意味になります。

Could you wait for a minute?　　　少しお待ちいただけますか？

Could you write down your name here?
　　　　　　　　　　　　ここにお名前を書いていただけますか？

be able to ～ も「～できる」

「～できる」という意味の表現には、canの他に be able to ~ があります。be able to ~ は、be動詞を過去形にすれば、「～できた」、つまりcouldと同じ意味になります。

can = be動詞（am ／ is ／ are）+ able to

Carl **can** run very fast. = Carl **is able to** run very fast.
カールはとても速く走れます。

could = be動詞（was ／ were）+ able to

We **could** catch the last train.
　　　　　　　　　　= We **were able to** catch the last train.
私たちは最終電車に乗ることができました。

未来形は will be able to ～

canには未来形がないので、未来の時点で「～できるだろう」という場合には、will be able to ~ を使います。

We **will be able to** enjoy space travel in future.
将来、私たちは宇宙旅行を楽しめるようになるでしょう。

下の図は、can、could、be able to ~ と「時」の関係を示しています。

未来 　　will be able to ~
　↑　　　　↑
現在　　be動詞 (am ／ is ／ are) able to ~
　↓　　　　↓
過去　　be動詞 (was ／ were) able to ~

can ~
　↓
could ~

LESSON 3 助動詞 will を使いこなそう

　willの意味は第3章で学んだ「未来」だけではありません。ここでは、「未来」以外のwillの使い方と、willの過去形wouldについてみていきましょう。

Will you go to see a movie tonight?	今夜、映画を見に行きますか？	（未来）
Will you drive me home?	私を車で家まで送ってくれませんか？	（依頼）
Would you carry my luggage?	私の荷物を運んでいただけますか？	（丁寧な依頼）
I **would like** something to drink.	何か飲み物が欲しいのですが。	（希望）

依頼の will 「〜してくれませんか？」

　willを使った疑問文 Will you ~?の意味には、未来のことをたずねる「〜するつもりですか？」の他に、「〜してくれませんか？」という**依頼**の意味があります。「未来」と「依頼」のどちらの意味であるかは、文脈から判断してください。

Will you be busy next weekend?
（未来）今度の週末は忙しいですか？

Will you help me with this work?
（依頼）この仕事を手伝ってくれませんか？

第4章 ● 助動詞ひとつで英語の世界がグ〜ンと広がる

丁寧に頼むときは Would you 〜？

　wouldはwillの過去形です。「未来の助動詞の過去形」というとわかりにくいかもしれませんが、ここでは日常会話でよく使われる用法を覚えましょう。Would you 〜？という疑問文は、Will you 〜？と同じ「依頼」を表しますが、Will you 〜？より丁寧ないい方で、「〜していただけますか？」という意味になります。丁寧な依頼の表現には、この他にCould you 〜？がありましたね。

Would you bring some towels?
　　　　　　タオルを持ってきていただけますか？
Would you show me the blue scarf?
　　　　　　その青いスカーフを見せていただけますか？

would like to 〜は「〜したいのですが」

　would like 〜は「〜が欲しいのですが」、would like to 〜は「〜したいのですが」という意味で、自分の希望を丁寧に相手に伝えるときの表現です。

I **would like** some sandwiches.
　　　　　　サンドイッチが欲しいのですが。
We **would like to** invite you to dinner.
　　　　　　あなたを夕食にご招待したいのですが。

　would like 〜の疑問形、Would you like 〜？は、何かを丁寧に勧めるときの表現で、「〜はいかがですか？」という意味です。

Would you like another cup of coffee?
　　　　　　コーヒーをもう１杯いかがですか？
Would you like to come with us?
　　　　　　私たちと一緒にいらっしゃいませんか？

LESSON 4 助動詞 may を使いこなそう

will、canに続く助動詞の第3弾は、「〜してもよい」、「〜かもしれない」を表す may です。

May I take a picture?	写真を撮ってもいいですか？（許可）
– Sure. – Sorry, but you can't.	もちろんです。 すみませんが撮ってはいけません。
It **may** be true.	それは本当かもしれません。（可能性）

may の意味① 「〜してもよい」

may は「〜してもよい」という**許可**を表します。主に May I 〜 ？／May we 〜 ？という疑問文で、「〜してもいいですか？」という許可を求める丁寧な表現として使います。

May I come in? 入ってもいいですか？
 – Certainly. ／ Just a minute. どうぞ。／ちょっと待ってください。

May I ~ ? の質問に対するYes, you may.／No, you may not.という答は、先生が生徒に言う場合など、立場が上の人が下の人に対して言う場合に使われます。普通はSure.（もちろん。）／Certainly.（どうぞ。）／Sorry, but you can't.（すみませんが～してはいけません。）などと答えます。

May I take a picture of you?
　　　　　　　　　　　　　あなたの写真を撮ってもいいですか？

海外旅行で現地の人の写真を撮りたいときなど、人にカメラを向けるときは必ずこう聞きましょう。

May I help you?　　　　いらっしゃいませ。

店員が客に話しかけるときの決まり文句です。

　　May I use the bathroom?　お手洗いをお借りできますか？

人の家を訪問したときにトイレに行きたくなったら、こう言えば案内してくれます。

mayの意味② 「～かもしれない」

mayには「～かもしれない」という**可能性**の意味もあります。

It **may** rain tomorrow.　　明日は雨が降るかもしれません。
Paul **may** be late.　　　　ポールは遅くなるかもしれません。

LESSON 5 助動詞 mustを使いこなそう

mustは「～しなければならない」、「～に違いない」という、断定的な強い意味を持つ助動詞です。mustは have to ~ に言い換えられます。

It's nine o'clock. I **must** go now.	9時だ。私はもう行かなければなりません。（義務）
It **must** be true.	それは本当に違いない。（必然）

mustの意味① 「～しなければならない」

mustは、「～しなければならない」という**義務**や**命令**を表す、断定的な強い意味の助動詞です。

I **must** apologize to you.
　　　　　私はあなたに謝らなければなりません。

You **must** prepare for the exam.
　　　　　あなたは試験の準備をしなければなりません。

mustの否定形、must notは「～してはならない」という**禁止**の意味になります。

You **must not** swim in this area.
　　　　この区域で泳いではいけません。

You **must not** be late for the meeting.
　　　　会議に遅れてはいけません。

mustの意味②　「～に違いない」

mustには、「～に違いない」という**必然**の意味もあります。

The opera **must** be wonderful.
　　　　そのオペラはすばらしいに違いありません。

Daniel **must** be a good cook.
　　　　ダニエルは腕のいい料理人に違いありません。

have to ~ も「~しなければならない」

mustは have to (has to) ~ に言い換えることができます。have to ~ も「~しなければならない」という意味ですが、mustより伝わり方がソフトになるため、会話では have to の方がよく使われます。

You **must** go to see your mother.
　　　　　　　　　= You **have to** go to see your mother.
あなたはお母さんに会いに行かなければなりません。

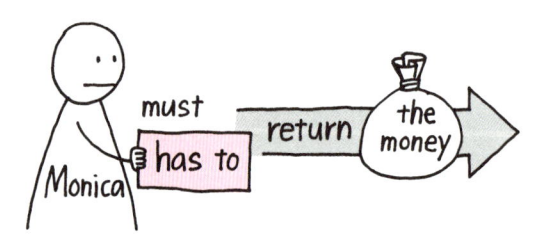

Monica **must** return the money.
　　　　　　　　　= Monica **has to** return the money.
モニカはお金を返さなければなりません。

疑問文　Do I **have to** call him today?
　　　　私は今日、彼に電話しなければなりませんか？
　　　－ Yes, you do.　　　　はい、しなければなりません。
　　　　 No, you don't.　　　いいえ、する必要はありません。

must notとdon't have toは意味が違う

mustとhave to ~は、否定形になると意味が変わるので注意が必要です。

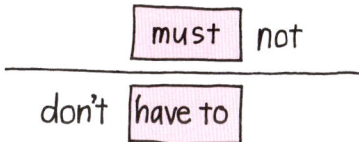

● **must not ~は「〜してはならない」**

　　You **must not** drink and drive.
　　　　お酒を飲んで運転してはいけません。

● **don't have to ~は「〜する必要はない」**

　　We **don't have to** stay here.
　　　　私たちはここにずっといる必要はありません。

過去と未来の義務にはhave to ~

mustには過去形も未来形もありません。このため、「〜しなければならなかった」、「〜しなければならないだろう」という過去や未来の義務についていうときは、had to ~、will have to ~を使います。

● **未来**
　　We'll **have to** cancel the trip.
　　私たちは旅行を取り止めなければ
　　ならないでしょう。

● **過去**
　　Luis **had to** run to the station.
　　ルイスは駅まで走って行かなければ
　　なりませんでした。

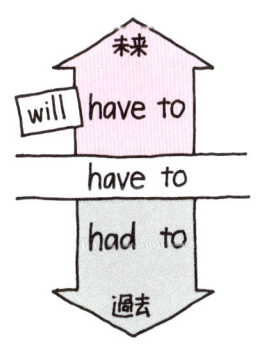

LESSON 6 助動詞 shall、should を使いこなそう

shallには「～しましょうか？」という提案の意味が、また、shallの過去形shouldには「～すべきだ」という義務の意味があります。

Shall I bring you something to drink?	何か飲み物をお持ちしましょうか？	（提案）
– Yes, please. – No, thank you.	はい、お願いします。 いいえ、結構です。	
You **should** keep your promise.	約束は守るべきです。	（義務）

Shall I ~ ? ／ Shall we ~ ? は「～しましょうか？」

shallは「～するだろう／～するつもりだ」という未来を表す助動詞ですが、Shall I ~ ?／Shall we ~ ?の疑問形で、「～しましょうか？」という提案の意味になります。

Shall I take your coat?　コートをお預かりしましょうか？

Shall we go out for lunch?　昼食に出かけましょうか？

shouldは「〜すべきだ」

shallの過去形shouldには「〜すべきだ」という義務の意味があります。同じ**義務**を表す助動詞でも、shouldはmustに比べ、伝わり方が柔らかくなります。

We **should** take exercise every day.
　　　　　　　　私たちは毎日運動するべきです。

What **should** I do to help him?
　　　　　　　　彼を助けるために何をするべきだろうか？

shouldの否定形should not（短縮形はshouldn't）は、「〜すべきではない」の意味になります。

You **shouldn't** waste money.
　　　　　　　　お金を無駄にするべきではありません。

We **shouldn't** disturb his work.
　　　　　　　　彼の仕事を邪魔するべきではありません。

REVIEW
ひと目でわかる、助動詞の意味と使い方

この章で紹介した様々な助動詞の主な意味と使い方を整理しましょう。

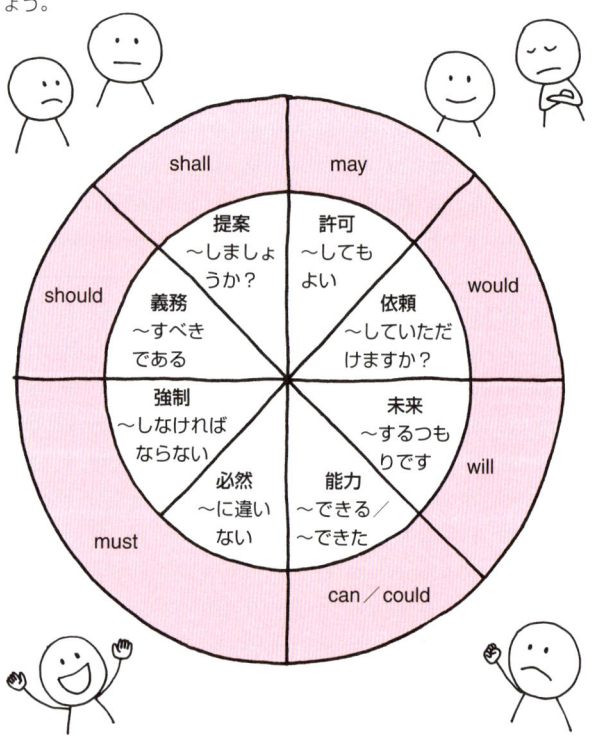

	shall	may	
should	提案 〜しましょうか？	許可 〜してもよい	would
	義務 〜すべきである	依頼 〜していただけますか？	
	強制 〜しなければならない	未来 〜するつもりです	will
must	必然 〜に違いない	能力 〜できる／〜できた	
		can／could	

may	（許可）：	**May** I come in?　　　　　入ってもいいですか？
would	（依頼）：	**Would** you help me?　　手伝っていただけますか？
will	（未来）：	I **will** go shopping tomorrow.
		私は明日、買い物に行きます。
can	（能力）：	Alice **can** drive a car.　アリスは車の運転ができます。
must	（必然）：	It **must** be a mistake.
		それは何かの間違いに違いありません。
	（強制）：	We **must** go now.　　もう行かなければなりません。
should	（義務）：	You **should** apologize to Mike.
		あなたはマイクに謝るべきです。
shall	（提案）：	**Shall** I go with you?　私が一緒に行きましょうか？

助動詞が表す可能性

何かが起きる可能性をいうとき、助動詞を使い分けることによって、可能性の高い／低いを表現することができます。

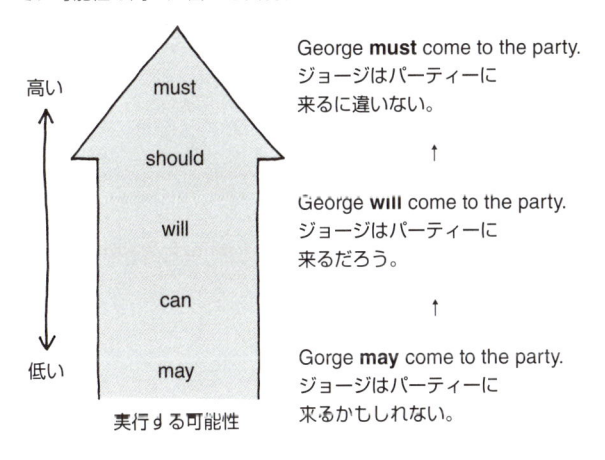

高い　↑　↓　低い

must
should
will
can
may

実行する可能性

George **must** come to the party.
ジョージはパーティーに
来るに違いない。

↑

George **will** come to the party.
ジョージはパーティーに
来るだろう。

↑

Gorge **may** come to the party.
ジョージはパーティーに
来るかもしれない。

助動詞が may − will − must と変わるに従って、「ジョージがパーティーに来る」可能性が高くなっていきます。

Column 4 ビジネスメールの書き方②

Column 3 (106 ページ参照) でメールの目的を説明したら、次は質問やお願いを伝えます。

確認する

Have you already received our products?
弊社の製品を受け取っていただけましたか?

Can I confirm my understanding?
私の理解が合っているかどうか確認させてください。

Would that be alright with you?
それでよろしいですか?

お願いする

POはpurchase order(注文書)の略。

Can you send us the PO?
すぐに注文書をお送りください。

Please let us know your opinions.
ご意見をお聞かせください。

Please find attached the document.
添付ファイルをご覧ください。

最後のひと言

Do not hesitate to contact me if you have any questions.
質問がありましたらご連絡ください。

as soon as possible(できるだけ早く)は定型句。

I look forward to hearing from you as soon as possible.
お早いお返事をお待ちしています。

結び

Best regards,

メールの最後はこのBest regards,の後に自分の名前を続けて結びます。

第5章

前置詞もイメージで攻略！

LESSON 1 前置詞は「接着剤」

　この章では、on、at、toなどの前置詞の働きと、それぞれの前置詞が持つ基本的なイメージについて説明します。

I go to work by train.　　私は電車で仕事に行きます。

　上の文では、I go（私は行く）という短い文にwork（どこへ＝方向）、train（どうやって＝手段）という要素が付け加えられています。そこで、workとtrainを前の文につなぐために必要なのが、前置詞のtoとbyです。このように、前置詞は名詞を前の語句につなぐ「接着剤」の働きをします。

Hiroshi stays **at** home **with** his son.
ヒロシは息子と一緒に家にいる。

　この文では、atは「（家）に」という場所を、withは「（息子）と一緒に」という状態を表しながら、それぞれhomeとhis sonを前の文につないでいます。

Yuriko came **to** the party **at** 8 o'clock.
ゆり子は8時にパーティーに来た。

　この文では、toは「（パーティー）に」という方向を、atは「（8時）に」という時刻を表しています。

では、軽くウォーミングアップをしてみましょう。(　)の中に前置詞を入れてください。

(1) Our cat is sleeping (　) the sofa.
　　猫がソファーの上で寝ています。

(2) Jane is studying (　) her room.
　　ジェーンは自分の部屋で勉強しています。

　(1)、(2)は共に、(　)内に場所を表す前置詞が必要です。(1)は「(ソファーの)上に」ですから**on**、(2)は「(部屋の)中で」ですから**in**となります。

(3) We walked (　) Shinjuku.
　　私たちは新宿から歩きました。

(4) Mr. Johnson went back (　) the U.S.
　　ジョンソンさんはアメリカに帰国しました。

　(3)、(4)は**方向性**を表す前置詞になります。(3)は「(新宿)から」という起点ですから**from**、(4)は「(アメリカ)へ」という到達点ですから**to**です。

(5) I sent the book (　) mail.
　　私はその本を郵便で送りました。

(6) Richard will travel (　) bicycle.
　　リチャードは自転車で旅行します。

　(5)、(6)はいずれも、「〜によって」という意味の前置詞が必要です。どちらも**手段**を表す前置詞**by**が入ります。

　では、それぞれの前置詞のイメージと使い方をみていきましょう。

LESSON 2 位置を表す前置詞

　前置詞を使えば、文に位置、手段、方向性、条件などを付け加えることができます。まず、「内／外」、「上／下」、「一点」という、位置を表す前置詞のイメージと使い方を説明します。

A cat is sleeping **on** the sofa.	ソファーの上で猫が寝ています。（〜の上に）
A cat is sleeping **under** the table.	テーブルの下で猫が寝ています。（〜の下に）
There are beautiful flowers **in** the garden.	庭にきれいな花が咲いています。（〜の中に）
My son is **at** school now.	息子は今、学校にいます。（ある地点に）
She put some flowerpots **by** the window.	彼女は窓辺に植木鉢を置きました。（〜のそばに）
There is a fence **between** the two houses.	2軒の家の間には塀があります。（〜の間に）

「上／下」のイメージ

onの基本イメージは
「何かの上にくっついている」です。

Students are sitting **on** the ground.
生徒たちは地面に座っています。

My office is **on** the third floor.
私のオフィスは3階にあります。

I can stand **on** my hands.
僕、逆立ちができるんだよ。
「自分の手の上に立っている」から「逆立ち」。
イメージしやすいですね。

onとは逆に、「何かの下」を表す前置詞は**under**です。

Julian hid the box **under** his bed.
ジュリアンはベッドの下にその箱を隠しました。

underは具体的な「モノ」の下以外に、年齢、人、状況などの「下」を言うときにも使います。

Admission is free for children **under** 3 years old.
3歳未満のお子さんは入場無料です。

I studied literature **under** Professor Jones.
私はジョーンズ教授の下で文学を学びました。

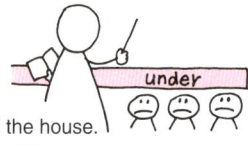

Under such conditions, I can't sell the house.
こんな条件の下で家を売ることはできません。

onが「何かの上にくっついている」イメージであるのに対して、**above**は「間隔をあけて何かの上にある」イメージです。また、aboveと対になって「～の下に／～より下に」を表す前置詞は**below**です。

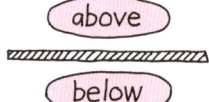

The temperature went **above** zero.
気温は0度を越えました。

The temperature went **below** zero.
気温は0度未満になりました。

The student's score is **above** average.
その生徒の成績は平均より上です。

The student's score is **below** average.
その生徒の成績は平均より下です。

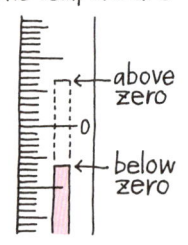

「内/外」のイメージ

inのイメージは、「内側」です。

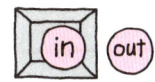

> There is a large table **in** the room.
> 部屋の中に大きなテーブルがあります。
>
> The girl has a basket **in** her hand.
> 少女は手にバスケットを持っています。

inは具体的な「モノ」の中だけでなく、環境や状況の「中」を言うときにも使います。

> He was standing **in** the rain.
> 彼は雨の中で立っていました。
>
> My grandparents are **in** good health.
> 私の祖父母は健康です。

inと対になって「外側」を表す前置詞は**out**です。outは多くの場合、方向性を示すときに使われますので、次のLesson 3で説明します。

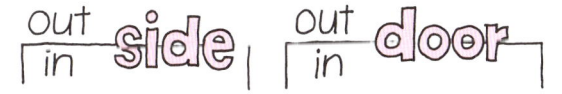

inside ↔ outside（内側 ↔ 外側）、indoor ↔ outdoor（屋内 ↔ 屋外）、infield ↔ outfield（野球の内野 ↔ 外野）など、inとoutを含んで対になっている言葉もたくさんあります。inは「内側」、outは「外側」と考えるとイメージしやすいですね。

> The little boy wears his shirt inside out.
> その男の子はシャツを裏返しに着ています。
>
> inside outは、「内側」が「外」に
> なっているので「裏返し」です。

「点」のイメージ

at のイメージは「点」です。at は場所、時間、価格など、様々なものを「点」で限定して言うときに使います。

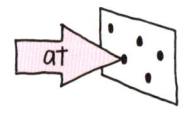

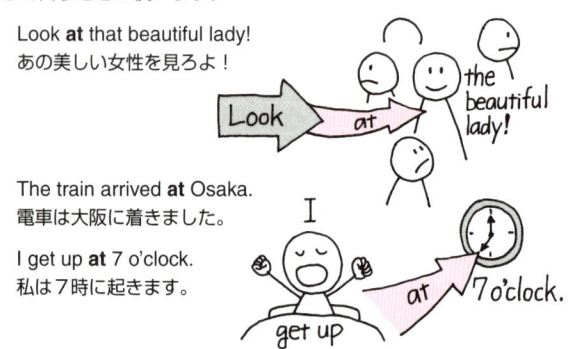

> Look **at** that beautiful lady!
> あの美しい女性を見ろよ！

> The train arrived **at** Osaka.
> 電車は大阪に着きました。

> I get up **at** 7 o'clock.
> 私は 7 時に起きます。

at ＝「点」、のイメージがつかめたでしょうか。次は at を使った熟語をみてみましょう。

> We stood up **at the same time**.（同時に）
> 私たちは同時に立ち上がりました。

> I didn't like him **at first**.（最初は）
> 最初は彼のことが好きではありませんでした。

> My mother **is good at** cook**ing**.（～が上手である）
> 私の母は料理が上手です。

at を使って「時」や「対象」を一点に限定していますね。これらの熟語はどれも会話でよく使われるので、覚えておくと便利です。

「そば」、「間」のイメージ

byと**beside**のイメージは、「何かのそば」です。

They live in a house **by** the lake.
彼らは湖のそばの家に住んでいます。

The old man sat **beside** me.
その老人は私のそばに座りました。

betweenは2つのもの、場所、時間、人などの「間」を表します。between A and B（AとBの間）という形で使われます。

You can come at anytime **between** one **and** three o'clock.
1時から3時の間のいつ来てもいいですよ。

There are direct flights **between** Tokyo **and** New York
東京とニューヨークの間には直行便があります。

This is just **between** you **and** me.
これは君と僕の間だけの秘密だよ。

LESSON 3 方向性を表す前置詞

前置詞には、「上へ／下へ」、「内側へ／外側へ」、「～の方から／～に向かって」など、方向性を示すものも数多くあります。

We walked **up** the river.	私たちは川をさかのぼって歩きました。
The boat sailed **down** the river.	船は川を下りました。
People went **into** the church.	人々が教会に入っていきました。
People came **out of** the church.	人々が教会から出てきました。
Mr. and Mrs. Reed will go **to** the U.S.	リード夫妻はアメリカに行きます。
Mr. and Mrs. Reed are **from** the U.S.	リード夫妻はアメリカ出身です。

「上へ／下へ」のイメージ

upと**down**は、それぞれ「上の方へ」、「下の方へ」という方向性を表す前置詞です。

They are running **up** the hill.
彼らは坂を駆け登っています。

They are running **down** the hill.
彼らは坂を駆け降りています。

uphill ↔ downhill（上り坂 ↔ 下り坂）、upside ↔ downside（上側 ↔ 下側）、upstairs ↔ downstairs（階上 ↔ 階下）など、upとdownを含んで対になっている言葉もたくさんあります。

He hung the painting upside down.
彼はその絵を逆さまにかけてしまいました。

inside out（裏返し）と似ていますね。upside downは「上側」が「下」になっているので、「逆さま」です。

「中へ／外へ」のイメージ

inとoutがそれぞれ何かの「内側」と「外側」に静止しているイメージであるのに対して、**into**は「中の方へ」、**out of**は「外の方へ」という方向性を表します。

The fireman went **into** the fire.
消防士は炎の中に入っていきました。

The fireman came **out of** the fire.
消防士は炎の中から出てきました。

intoとout ofは、場所以外に状況について言うときにも使えます。

We got **into** difficulties.
私たちは困難に陥りました。

The patient got **out of** a critical condition.
患者は危機状態から脱しました。

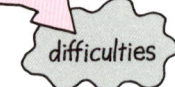

「起点/到達点」のイメージ

from ~ は「~から」という起点を、**to** ~ は「~へ」という到達点を表す前置詞です。

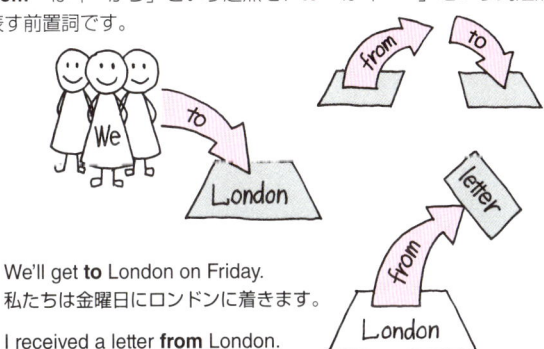

We'll get **to** London on Friday.
私たちは金曜日にロンドンに着きます。

I received a letter **from** London.
私はロンドンからの手紙を受け取りました。

起点と到達点を表す from A to B（AからBまで）は会話でよく使われる言い方です。

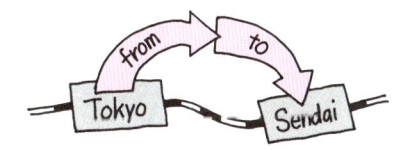

I bought a train ticket **from** Tokyo **to** Sendai.
私は東京から仙台までの電車の切符を買いました。

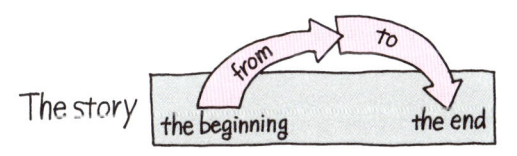

The story is true **from** the beginning **to** the end.
その話は最初から最後まで真実です。

「越えていく」、「通っていく」イメージ

overは「何かを越えていく」、**through**は「何かの中を通っていく」イメージです。

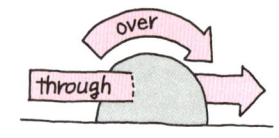

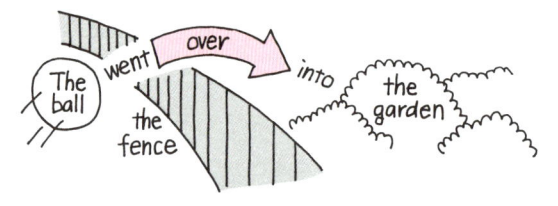

The ball went **over** the fence into the garden.
ボールが塀を越えて庭に入ってしまいました。

株式市場に上場していない店頭株はover-the counter stock、処方箋がなくても薬局で買える市販薬はover-the-counter drugです。店頭でカウンター越しに向こう側からこちらへ渡される、というイメージがよく表れていますね。

The bus passed **through** a tunnel.
バスはトンネルを通過しました。

I looked at the night view **through** a telescope.
私は望遠鏡で夜景を眺めました。

「回る」、「横切る」、「沿っていく」イメージ

aroundのイメージは「ぐるりと回る／ぐるりと取り囲む」です。

I run **around** the park every morning.
私は毎朝公園の周りを走ります。

Everyone **around** Nick likes him.
ニックの周囲の人は、みんな彼が好きです。

acrossは川や道路などを「横切る」イメージ、**along**は川や道路などに「沿っていく」イメージです。

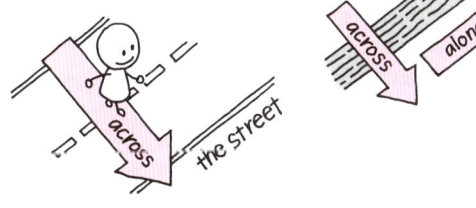

I want to swim **across** the Straits of Dover.
私はドーバー海峡を泳いで渡りたい。

Drive **along** this river.
この川に沿って運転しなさい。

She walked **across** the street.
彼女は通りを横切りました。

She walked **along** the street.
彼女は通りに沿って歩きました。

Column 5 丁寧な頼み方

日本では、友だちには「お願い!」、取引先の社長には「どうぞよろしくお願い申し上げます」など、様々なレベルの丁寧表現を使い分けます。英語でもそれは同じこと。相手によって丁寧さのレベルを変化させてみましょう。

↑ カジュアル

親しい人や目下の人に
① **Mail it to me.**
それ、メールしといて。

少し丁寧に
② **Please mail it to me.**
それをメールしてください。

丁寧に
③ **Can you mail it to me?**
それをメールで送ってもらえますか?

さらに丁寧に
④ **Could you mail it to me, please?**
どうかそれをメールで送っていただけますか?

↓ フォーマル

とても丁寧に
⑤ **Would you be able to mail it to me?**
それをメールでお送りいただくことは可能でしょうか?

mail it to me の部分は変わらないのに、丁寧さが増すにつれて文章が長くなりますね。日本語と同じように英語でも、遠回しで長い表現がより丁寧とされます。とはいえ、あまりに丁寧すぎる表現は、相手によそよそしい印象を与える場合も。親しい相手には①〜②、ビジネスでは③〜④、目上の人には⑤と使い分けるのがよいでしょう。

第6章

これを覚えてステップアップ

LESSON 1 「～しなさい」の命令文

「～しなさい」、「～してください」、「～しようよ」…。相手に何かをさせようとするときには、様々ないい方がありますね。ここでは、場合に応じた命令文をマスターしましょう。

Look at me, Mom!	ママ、僕を見て！
Don't be nervous.	緊張しないで。
Please sit down.	お座りください。
Let's go for a walk.	散歩に行こうよ。

命令文は動詞の原形で

Be quiet.
静かにしなさい。

Be careful.
気をつけなさい。

Clean the room.
部屋を掃除しなさい。

Calm down.
落ち着きなさい。

第6章 ● これを覚えてステップアップ

　左ページの文は、すべて「〜しなさい」という命令文です。命令文は話をしている相手に対して言うものなので、主語がいりません。また、命令文には動詞の原形を使います。Be quiet.／Be careful.のBeはam、is、areのbe動詞の原形です。

命令文のつくり方　＝　主語はなし、動詞の原形を使う

　「〜してはいけません」という表現も命令文です。このときは、文の最初にDon'tを置き、動詞の原形を続けます。

「〜してはいけない」の命令文　＝　Don't ＋ 動詞の原形

Don't be noisy.　　　　　　うるさくしてはいけません。

Don't work too hard.　　　　一生懸命働きすぎてはいけません。

pleaseをつけて丁寧に

Please be honest.　　　正直に話してください。

Hold on, **please**.　　　（電話の相手に）お待ちください。

　命令文の最初か最後にpleaseをつけると、「〜してください」という丁寧な表現になります。pleaseを文の最後に置く場合は、pleaseの前に「,（コンマ）」をつけます。

提案するときはLet's 〜

〈Let's＋動詞の原形〉の文は、「〜しましょう」という提案の意味になります。

Let's＋動詞の原形　＝　提案（〜しましょう／〜しようよ）

Let's dance.　　　踊りましょう。

Let's go together.　　　一緒に行こうよ。

■ ダイアログ13　命令文を使って話そう

Mary	Welcome to our house, Hiroshi. Come in.
Hiroshi	Thank you for your invitation.
Mary	Have a seat, please.
Hiroshi	I brought a bottle of wine. Please put it in the refrigerator.
Mary	Oh, thank you. John and Kate will come soon. Let's have a drink and wait for them.

メアリー	私たちの家へようこそ、ヒロシ。さあ、入って。
ヒロシ	お招きありがとう。
メアリー	どうぞ、座って。
ヒロシ	ワインを1本持ってきたんだ。 冷蔵庫に入れておいてね。
メアリー	あら、ありがとう。もうすぐジョンとケイトが来るわ。 飲みながら待っていましょう。

単語
refrigerator: 冷蔵庫

この表現を覚えよう！

● **Thank you for your invitation.**　　お招きありがとう。

「〜をありがとう」は、Thank you for 〜 と言います。

　　Thank you for your letter.　　お手紙ありがとう。

● **Have a seat, please.**　　どうぞ、座って。

Have a seat. は Sit down. と同じで「座りなさい」の意味です。

● **Let's have a drink and wait for them.**
飲みながら待っていましょう。

Let's have a drink は、文字通りに訳すと「飲み物をとりましょう」ですが、慣用的に「1杯やりましょう」の意味になります。

LESSON 2 比べてみよう
比較級と最上級

一般に、2つのものを比べて、「同じぐらい〜だ」、「こちらの方が〜だ」と言うときには比較級を、3つ以上のものを比べて、「これが最も〜だ」と言うときには最上級を使います。ここでは、比較するときの3種類の表現を覚えましょう。

Takeshi is **as tall as** Ken.	タケシはケンと同じぐらい背が高い。
Yuji is **taller than** Takeshi.	ユウジはタケシより背が高い。
Yuji is **the tallest** of the three.	ユウジは3人の中で最も背が高い。

「比べてみたら同じぐらい」は as 〜 as

2つのものを比べてみたら同じぐらいだった、という場合は、as 〜 as という表現を使います。「〜」の部分には、形容詞または副詞が入ります。

> 同じぐらい 〜 ＝ as 〜 as

Bob swims **as fast as** his brother.

ボブはお兄さんと同じぐらい速く泳ぎます。

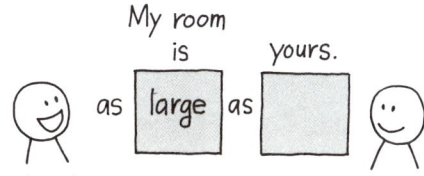

My room is **as large as** yours.
　　　　　　　　　私の部屋はあなたのと同じぐらい広いです。

「比べてみたらこちらの方が〜」は ~er than …

2つのものを比べたら一方がより〜だった、という場合は、副詞または形容詞にerをつけて比較級にし、than …（…より）を続けます。

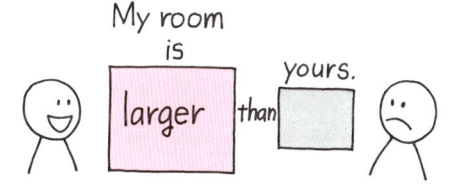

My room is **larger than** yours.
　　　　　　　　　私の部屋はあなたのより広いです。

Bob swims **faster than** his brother
　　　　　　　　　ボブはお兄さんより速く泳ぎます。

一般に、形容詞または副詞が長い単語である場合は、単語の前にmoreをつけて比較級にします。

This dress is **more beautiful than** that one.
　　　　　　　　　このドレスはあれよりきれいだ。

Chinese is **more difficult than** English.
　　　　　　　　　中国語は英語より難しい。

```
一方がより〜　＝　~er  than …　（短い形容詞または副詞）
　　　　　　　　more ~  than …　（長い形容詞または副詞）
```

151

「比べてみたらこれがいちばん」は ~est

比較して「これが最も~だ」という場合（最上級）は、〈the +（形容詞 + est）〉の形になります。

Tom is older than Nick.
トムはニックより年上です。

Mike is older than Tom.
マイクはトムより年上です。

Who is **the oldest**?
いちばん年上なのは誰ですか？

Mike is **the oldest** of the three.
マイクが３人の中でいちばん年上です。

〈副詞 + est〉の前には the をつける必要がありません。

Bob swims **fastest** in his class.
ボブはクラスでいちばん速く泳ぎます。

一般に、形容詞または副詞が長い単語である場合は、単語の前にmostをつけて最上級にします。

This dress is **the most beautiful**.　このドレスがいちばんきれいだ。

That player is **the most famous** in the team.　あの選手はチームの中でいちばん有名です。

> 最も〜　－　the 〜est
> 　　　　　　the most 〜

不規則に変化する比較級、最上級

不規則に変化して比較級、最上級をつくる単語もあります。次の単語の比較級、最上級は、会話でよく使われるので覚えておきましょう。

原形	比較級	最上級
good（よい） well（よく）	better	best
bad（悪い）	worse	worst
many（数が多い） much（量が多い）	more	most

Linda is a **good** golfer.
リンダはゴルフが上手です。

Linda is a **better** golfer **than** Kathy.
リンダはキャシーよりゴルフが上手です。

Linda is **the best** golfer in the club.
リンダはクラブの中でいちばんゴルフが上手です。

Jeff has **more** money **than** his brother.
ジェフはお兄さんよりたくさんお金を持っています。

I like tennis **best** of all sports.
私はすべてのスポーツの中でテニスがいちばん好きです。

第6章 ● これを覚えてステップアップ

■ ダイアログ14　比較級、最上級を使って話そう

Mary	What sports are popular in Japan?
Hiroshi	Well, tennis, soccer, and golf are very popular.
	But maybe baseball is the most popular.
Mary	Do you play baseball?
Hiroshi	Yes, but I like basketball better.
	It's more exciting than baseball.

メアリー	日本ではどんなスポーツが人気があるの？
ヒロシ	そうだね、テニス、サッカー、ゴルフはとても人気があるよ。
	でも、いちばん人気があるのは、たぶん野球だろうね。
メアリー	あなたは野球をやるの？
ヒロシ	うん、でも、僕はバスケットの方が好きなんだ。
	野球よりワクワクするからね。

単語
maybe: たぶん　　　　　　　　　　　exciting: 刺激的な、活気のある

この表現を覚えよう！

● **Well, tennis, soccer, and golf are very popular.**
テニス、サッカー、ゴルフはとても人気があるよ。

3つ以上のものを並べて言うときには、A, B, and C、A, B, or C、という表現を使います。

　You can choose a meat, fish, or vegetable dish.
　肉、魚、野菜料理のうちどれかを選ぶことができます。

● **But maybe baseball is the most popular.**
でも、いちばん人気があるのは、たぶん野球だろうね。

the most popularはpopular（人気がある）の最上級です。

LESSON 3

「～される」側から言う
受動態

「警官が泥棒をつかまえる」、「泥棒が警官につかまえられる」 ― この2つの文は、同じ内容を2つの方法で表現しています。「…が～する」という形の文を能動態というのに対して、「…が～される」という形の文を受け身、または受動態といいます。

Many people **use** cellular phones.	多くの人々が携帯電話を使っています。
Cellular phones **are used** by many people.	携帯電話は多くの人々に使われています。

受動態のルール

上の2つの文は、同じ内容を別の視点から表現しています。「多くの人々」の側から言えば携帯電話を「使う」のであり、逆に「携帯電話」の側から言えば多くの人々に「使われる」ことになります。この「～される」側から表現する言い方が**受動態**です。

受動態の文には、be動詞と動詞の過去分詞を使います。過去分詞には動詞の原形の語尾に-edがついたもの（規則動詞）と、不規則に変化するためにひとつずつ覚える必要があるもの（不規則動詞）の2種類があります。

受動態のルール

> 受動態 ＝ 主語 ＋ be動詞 ＋ 動詞の過去分詞

● 能動態（〜する）

Everybody loves the baby.

みんながその赤ちゃんを愛しています。

the babyの立場から言うと
↓

● 受動態（〜される）

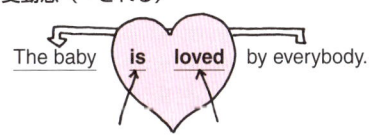

The baby **is loved** by everybody.

　主語　be動詞　　過去分詞

その赤ちゃんはみんなから愛されています。

byは「〜によって」という意味で、受動態でよく使われます。

受動態の否定文、疑問文のつくり方は、これまでにでてきたbe動詞の文とまったく同じです。

Local fruits **are sold** at the market.
市場では地元産の果物が売られています。

否定文 Local fruits **are not sold** at the market.
市場では地元産の果物は売られていません。

疑問文 **Are** local fruits **sold** at the market?
市場では地元産の果物は売られていますか?

― Yes, they are. ／ No, they aren't.
はい、売られています。／いいえ、売られていません。

過去、未来の受動態

受動態の文を過去形や未来形にする場合は、be動詞の時制を変えます。

現在形 The beach **is cleaned** by volunteers.
海岸はボランティアによって掃除されます。

過去形 The beach **was cleaned** by volunteers.
海岸はボランティアによって掃除されました。

未来形 The beach **will be cleaned** by volunteers.
海岸はボランティアによって掃除されるでしょう。

いろいろな受動態

受動態には「〜によって」を表す **by** がよく使われますが、文によっては by 以外の前置詞が使われる場合があります。次の文は会話に使える便利な表現ばかりですので、ひとつのまとまりとして覚えておきましょう。

He **was born in** 1970.　　　　　彼は1970年生まれです。
　〜に生まれた

```
He | was | born | in | 1970.
```

I **am interested in** gardening.
　〜に興味がある　　　　　　私はガーデニングに興味があります。

```
I | am | interested | in | gardening.
```

I **was surprised at** the news.　　　私はその知らせに驚きました。
　〜に驚いた

```
I | was | surprised | at | the news.
```

Lucy **is satisfied with** her job.
　〜に満足する　　　　　彼女は自分の仕事に満足しています。

```
Lucy | is | satisfied | with | her job.
```

My mother **was pleased with** their visit.
　　　　　〜を喜んだ　　　母は彼らの訪問を喜びました。

```
My mother | was | pleased | with | their visit.
```

LESSON 4 現在につながる過去(1)

現在完了、「継続」と「経験」

これまでに説明した現在形、過去形、未来形の3つの時制に加えて、英語には「過去と現在のつながりを表現する」現在完了という時制があります。

I **have lived** in New York for 10 years.	私は10年間ずっと、ニューヨークに住んでいます。（継続）
I **have been** to New York.	私はニューヨークに行ったことがあります。（経験）

現在完了は、現在と過去をつなぐ線

I **have lived** in New York for 10 years.

この文は、I lived in New York 10 years ago.（私は10年前、ニューヨークに住んでいました。）という過去の「点」と、I live in New York now.（私は今、ニューヨークに住んでいます。）という現在の「点」をつないだ「線」（10年間ずっと）を表現しています。

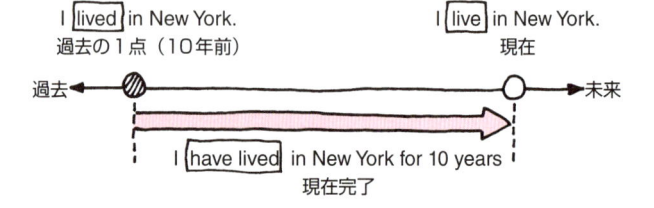

I lived in New York.　　　　　　　　　I live in New York.
過去の1点（10年前）　　　　　　　　　現在

過去 ●─────────────────○─────→ 未来

　　　　I have lived in New York for 10 years
　　　　　　　　　現在完了

第6章 ● これを覚えてステップアップ

このように、現在完了は「過去のことを意識しながら現在のことをいう」表現です。現在完了には、次の4つの意味があります。

① 「継続」 － 過去からずっと、今でも続いている。
② 「経験」 － 今までに経験したことがある。
③ 「完了」 － あることが今、完了した。
④ 「結果」 － 過去のできごとが現在の結果をもたらしている。

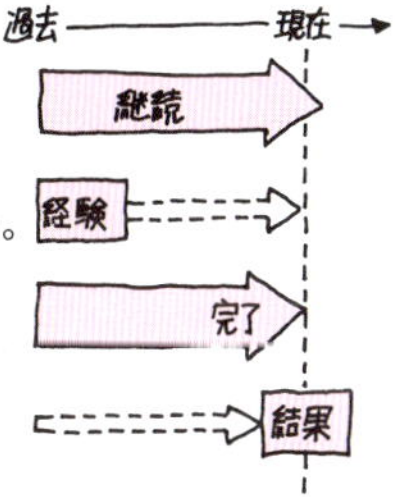

I have lived in New York. の文は、「ずっと〜している」という「継続」を表しています。

現在完了は、4つの意味のどれを表す場合も、文の形は同じです。

> 現在完了　＝　have（has）＋ 動詞の過去分詞

実際には、現在完了の文に含まれるfor ／ since ／ just ／ neverなどのヒントになる単語や、その文が話される状況によって、4つの意味のうちどれを表しているのかを判断します。

現在完了の意味① 「ずっと〜しています」（継続）

下の図は、「ずっと〜しています」という現在完了形の**継続**のイメージを表しています。

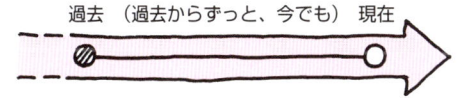

過去 （過去からずっと、今でも） 現在

George **has worked** for a bank for 20 years.
ジョージは20年間ずっと、銀行で働いています。

この文を上の図に当てはめてみると、

161

George worked for a bank 20 years ago.　George works for a bank now.
　　　過去（20年前）　　　　　　　　　　　現在

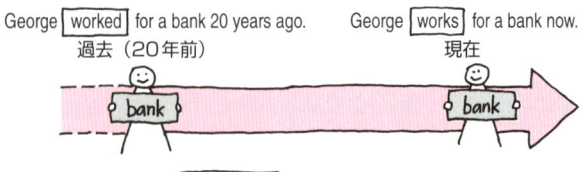

George has worked for a bank for 20 years.

「継続」を表す現在完了の文には、その期間を示す単語として、for、sinceなどがよく使われます。

Monica **has been** busy **since** last month.
モニカは先月からずっと忙しい。

I **haven't seen** Ally **since** this morning.
私はけさからずっとアリーをみていません。

● 現在完了進行形〈have (has) ＋ been ＋ ~ing〉は、「ずっと継続している」様子を強調するときに使います。

　Sally **has been talking** on the phone for an hour.
　サリーは1時間も電話をしています。

　It **has been raining** since Monday.
　月曜日からずっと雨が降っています。

現在完了の意味②　「～したことがあります」（経験）

下の図は、「～したことがあります」という現在完了形の**経験**のイメージを表しています。

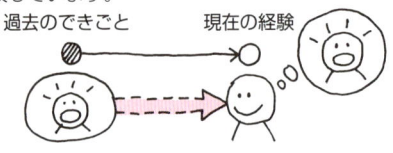

　　過去のできごと　　現在の経験

162

「経験」を表す現在完了の文には、ever（これまでに）、never（一度も〜したことがない）、before（前に）などがよく使われます。

I've met Alan **before**.
（I'veはI haveの短縮形）
私は前にアランに会ったことがあります。

I've never lied to you.
僕は君にウソをついたことなんてないよ。

● **現在完了の疑問文**は、have（has）を文の始めにもっていきます。

肯定文	**I've been** to New York. ↓	私はニューヨークへ行ったことがあります。
疑問文	**Have you ever been** to New York?	あなたは今までにニューヨークへ行ったことがありますか？

- Yes, I **have**.　　　　　　　　　はい、あります。
  I've been there **before**.　　　前に行ったことがあります。

- No, I **haven't**.　　　　　　　　いいえ、ありません。
  （haven'tはhave notの短縮形）
  I've never been there.　　　そこには一度も行ったことがありません。

● Have you ever ~？は、「今までに〜したことがありますか？」という意味で、会話でよく使われる疑問文です。

Have you ever tried Japanese food**?**
日本料理を食べたことはありますか？
- Yes, I have.／No, I haven't.
　はい、あります。／いいえ、ありません。

LESSON 5 現在につながる過去 (2)

現在完了、「完了」と「結果」

　現在完了形の4つの意味とは、「継続」、「経験」、「完了」、「結果」でしたね。ここでは残る2つの意味、「完了」と「結果」について説明します。

Mark **has just returned** from New York.	マークはちょうどニューヨークから戻ったところです。　　　（完了）
Mark **has gone** to New York.	マークはニューヨークへ行ってしまいました。 （結果）

現在完了の意味③　「ちょうど〜したところです」

　下の図は、「ちょうど〜したばかりです」という現在完了形の**完了**のイメージを表しています。

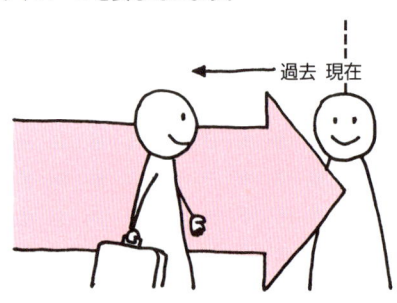

第6章 ● これを覚えてステップアップ

　「完了」を表す現在完了の文には、just（ちょうど）、already（すでに）、yet（否定文では「まだ」、疑問文では「もう」）などがよく使われます。

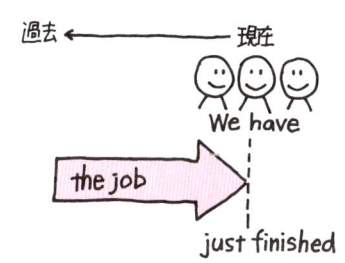

過去 ← 現在

We have just finished the job.
私たちはちょうどその仕事をすませたところです。

Mark has already returned from New York.
マークはすでにニューヨークから戻っています。

　この文を疑問文にしましょう。

疑問文 **Has** Mark **returned** from New York **yet**?
マークはもうニューヨークから戻っていますか？

　　　Yes, he **has**. He **has already returned**.
　　　はい、すでに戻っています。

　　－ No, he **hasn't**. He **hasn't returned yet**.
　　　いいえ、まだ戻っていません。

165

現在完了の意味④ 「〜した結果、現在は…です」

下の図は、「〜した結果、現在は…です」という現在完了形の**結果**のイメージを表しています。

過去のできごと　　（その結果生じた）現在の状態

Suzan **has gone** to London.
スーザンはロンドンに行って
しまいました。
（だから、今はここにいない。）

I **have spent** all the money.
私はそのお金を全部使って
しまいました。
（だから、今はお金を持っていない。）

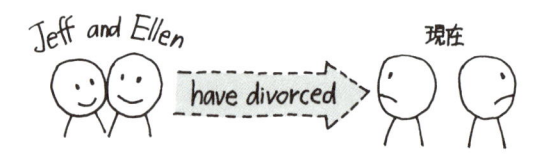

Jeff and Ellen **have divorced**.
ジェフとエレンは離婚しました。（だから、もう夫婦ではない。）

このように、「結果」を表す現在完了の文は、一見シンプルな表現ですが、過去のできごとを言うと同時に、その結果、今はどのような状態であるか、ということまでも間接的に表現しているのです。

第6章 ● これを覚えてステップアップ

■ ダイアログ15　現在完了形を使って話そう

Mary	Do you play golf, Hiroshi?
Hiroshi	Yes, I like it very much. I've just bought new clubs.
Mary	Have you ever played in the U.S.?
Hiroshi	No, I haven't had a chance yet.
Mary	We're going to play next weekend. Would you like to join us?
Hiroshi	Really? That's great! I'd love to.
メアリー	ヒロシ、あなたはゴルフをするの？
ヒロシ	うん、大好きだよ。僕は新しいクラブを買ったばかりなんだ。
メアリー	アメリカでプレイしたことはある？
ヒロシ	いや、まだ機会がないんだ。
メアリー	私たち、今度の週末にプレイするのよ。一緒にどう？
ヒロシ	本当？　うれしいな！　喜んで。

この表現を覚えよう！

● **I've just bought new clubs**
　僕は新しいクラブを買ったばかりなんだ。
「ちょうど〜したばかりです」という現在完了の使い方です。

● **Have you ever played in the U.S.?**
　アメリカでプレイしたことはある？
現在完了で今までの経験を聞いています。
playedの後にはgolfが省略されています。

● **No, I haven't had a chance yet.**　いや、まだ機会がないんだ。
これも「まだ〜したことがない」という「経験」の現在完了。
have a chanceは「機会を得る」。

● **Would you like to join us? － I'd love to.**
　一緒にどう？　－　喜んで。
人を誘うとき、誘いに応じるときの表現です。I'd like to.（そうしたいです。）と答えることもできますが、I'd love to.の方が「ぜひそうしたい。」という気持ちを強く表すことができます。

LESSON 6 ３つの表現をする不定詞

〈to ＋ 動詞の原形〉の不定詞は、動詞を含んではいますが名詞、形容詞、副詞と同じように使われます。

I want **to buy** a new car.	私は新しい車を買いたいです。
Wendy had a chance **to study** in France.	ウェンディはフランスで勉強する機会を得ました。
Bill worked hard **to finish** the job.	ビルはその仕事を終わらせるために懸命に働きました。

不定詞の使い方①　「〜すること」

I want **to see** the Statue of Liberty.
　　　　　　　　　　　私は自由の女神を見たいです。

Ken needs **to wash** his car.　ケンは車を洗う必要があります。

Judy likes **to travel** abroad.　ジュディは外国旅行が好きです。

　上の３つの文に使われている to see、to wash、to travel は、すべて「**〜すること**」という意味で、**名詞と同じ働き**をしています。つまり、

want to ~ :　～することを欲する
　　　　　　＝～したい

名詞
want | to see
欲する　見ること→見ることを欲する→見たい

need to ~ :　～することが必要だ

need | to wash
必要である　洗うこと　→　洗うことが必要だ

like to ~ :　～することが好きだ

like | to travel
好きである　旅行すること → 旅行することが好きだ

となります。

〈to ＋ 動詞の原形〉でつくったものが**不定詞**です。次の文にも、「～すること」という意味の不定詞が使われています。

It has begun **to rain**.
雨が降りはじめました。

He refused **to answer** the question.
彼は質問に答えることを拒否しました。

「～すること」という意味の不定詞は名詞と同じ性質を持つので、文の主語にもなります。

To see old friends is always fun.
昔の友人に会うことはいつも楽しい。

To make a speech in English is not easy.
英語でスピーチをすることは簡単ではありません。

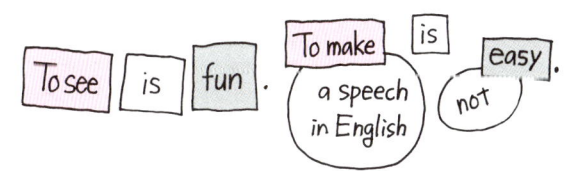

不定詞の使い方②　「〜するための」

I have something **to tell** you.
　　　私はあなたに話すべきことがあります。

Would you like something **to drink**?
　　　何か飲み物はいかがですか？

Amy bought a dress **to wear** at the party.
　　　エイミーはパーティーで着るためのドレスを買いました。

　上の3つの文に使われている不定詞 to tell、to drink、to wear は、すべて「〜するための」という意味です。

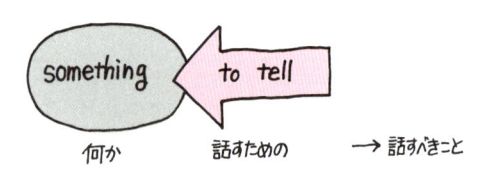

```
something  ← to tell
 何か        話すための    → 話すべきこと
```

something to tell :　　　話すための何か＝話すべきこと

```
something  ← to drink
 何か        飲むための    → 飲みもの
```

something to drink :　　　飲むための何か＝飲み物
a dress to wear :　　　着るためのドレス

　このように、「〜するための」を表す不定詞は、前にくる名詞を説明する、つまり**形容詞と同じ働き**をします。

不定詞の使い方③ 「〜するために」

I'll go to Los Angeles **to see** my sister.
　　　　　私は姉に会うためにロサンゼルスに行きます。

Nick studied hard **to pass** the exam.
　　　　　ニックは試験に合格するために懸命に勉強しました。

Karen should take exercise **to lose** weight.
　　　　　カレンは体重を減らすために運動するべきです。

　上の3つの文に使われているto see、to pass、to loseの不定詞は、すべて**「〜するために」**という意味です。これらの不定詞は動詞を説明する、つまり**副詞**と同じ働きをしています。また、次の文のように、toより前の言葉を説明する（不定詞が形容詞を説明する）場合もあります。

I'm glad **to see** you.
お会いできてうれしいです。(to seeがglad（うれしい）を説明している。)

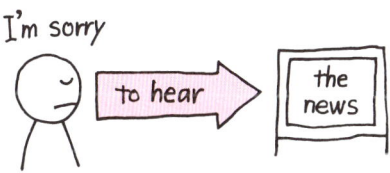

I'm sorry **to hear** the news.
その知らせを聞いて残念です。
(to hearがsorry（残念で）を説明している。)

LESSON 7

+ing で、動詞が名詞に変わる
プラス

動名詞

〈動詞の原形 + ing〉の動名詞は、「〜すること」という意味を表します。

They stopped **talking**.	彼らは話をやめました。
Traveling by train is fun.	電車で旅行することは楽しい。

動詞の原形 + ing = 動名詞

〈動詞の原形 + ing〉の動名詞は、「〜すること」という意味です。動名詞はその名のとおり動詞でありながら名詞の性質を持ち、動詞の後に置かれたり、文の主語になったりします。

start cry ing

She started **crying**. 彼女は泣き出しました。

enjoy play ing

We enjoyed **playing** baseball. 私たちは野球を楽しみました。

Learning is interesting.

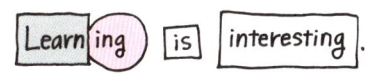

Learning foreign languages is interesting.
　　　　　　　　　　　　　　　外国語を学ぶことは面白い。

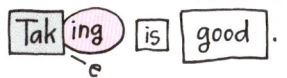

Taking is good.

Taking exercise is good for your health.
　　　　　　　　　　　　　　　運動することは健康に良い。

会話でよく使われる次のような表現も動名詞です。

Thank you for **coming**.
ありがとう　に　来ること

Thank you for **coming**.　　　　　来てくれてありがとう。

I'm sorry for **being** late.
ごめんなさい　に　いること　おくれて

I'm sorry for **being** late.　　　　遅くなってごめんなさい。

動名詞と不定詞

「〜すること」という意味を持ち、動詞でありながら名詞の働きをする、という動名詞の性質は、Lesson 6で説明した「〜すること」の不定詞と同じです。このため、文によっては動名詞を不定詞に置き換えることができます。

　　She started **crying** = She started **to cry**.
　　　　　　　動名詞　　　　　　　　　　不定詞

Taking exercise is good for your health. = **To take** exercise is good for your health.
動名詞　　　　　　　　　　　　　　　　　　　不定詞

Taking / To take exercise is good for your health.

Column 6 　世間話で使えるひと言①

外国人旅行者に出会ったとき、外国人のゲストがやってきたときなど、英語でおしゃべりができたら素敵ですね。会話がどんどん広がる、簡単な質問文を覚えましょう。

初対面の相手に

Where are you from?
ご出身はどちらですか?

How's your journey?
ここまでの道中はどうでしたか?

> journey を fright に置き換えて「飛行機の旅はどうでしたか?」と尋ねても OK。

Where do you live?
お住まいはどこですか?

What do you do?
お仕事は何をされていますか?

日本に来たゲストに

Is this your first visit to Japan?
日本に来るのは初めてですか?

How do you like Japan?
日本のどんなところが好きですか?

Have you been to Tokyo SKYTREE?
東京スカイツリーに行ったことがありますか?

知り合いに

How was your weekend?
週末は何をしていましたか?

How's your new place?
引越し先の住み心地はどうですか?

> new place (引越し先)を work (仕事)、family (家族)などに置き換えて使うこともできます。

第7章

2つの文をつないで話そう

LESSON 1 ２つの文を結ぶ関係代名詞

　２つの文があって、一方の文がもう一方の文を説明している場合に、この２つの文をつないで１つにするのが関係代名詞です。

I have a friend **who** lives in Paris.	私にはパリに住んでいる友人がいます。
George uses a camera **which** was given by his father.	ジョージは父親から貰ったカメラを使っています。
This is the car **that** I bought.	これは私が買った車です。
That's **what** I wanted to know.	それが私の知りたかったことです。

関係代名詞は説明文をつける「接着剤」

① I have **a friend**.　　私には友人がいます。
② **He** lives in Paris.　　彼はパリに住んでいます。

①の文と②の文は、①のa friendという名詞を②が説明する、という関係になっています。このように、一方の文がもう一方の文に含まれる名詞を説明している場合は、**関係代名詞**を使って2つの文を1つにつなぐことができます。

I have a friend **who** lives in Paris
　　先行詞　関係代名詞　　私にはパリに住んでいる友人がいます。

関係代名詞は、前にある名詞についての説明文をくっつける「接着剤」の働きをします。

この文では、a friendが関係代名詞who以下によって説明されています。a friendのように、関係代名詞によって説明される名詞を**先行詞**といいます。この文の場合、Heは関係代名詞whoに置き換えられているので、文から消えてしまいます。

関係代名詞には大きく分けて「人」について説明するものと、「もの」について説明するものの2種類があります。

「人」が主語ならwho

① Mr. Sato is **a professor**. 　②　**He** teaches computer science.
　佐藤さんは教授です。　　　　　　彼はコンピューター科学を教えて
　　　　　　　　　　　　　　　　　います。

　①の文と②の文の関係に注目すると、②は①の中のa professorという「人」を説明し、説明されるa professorは②の主語になっています。このような場合は、関係代名詞whoを使って2つの文を1つにします。

①+②　Mr. Sato is a professor **who** teaches computer science.
　　　佐藤さんはコンピューター科学を教えている教授です。

先行詞が「人」で、説明文の主語になる場合の関係代名詞は **who**

もうひとつ関係代名詞の文をつくってみましょう。

① Her father is **an architect**. 　②　**He** designed the city hall.
　彼女のお父さんは建築家です。　　　彼は市庁舎を設計しました。

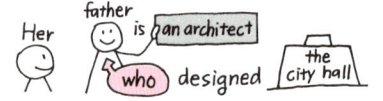

①+②　Her father is an architect **who** designed the city hall.
　　　彼女のお父さんは市庁舎を設計した建築家です。

第7章 ● 2つの文をつないで話そう

「人」が目的語ならwhom

① Sally didn't like **the man**.
   サリーはその男が好きでは
   ありませんでした。

② She met him last night.
   彼女は彼に昨夜会いました。

②は①の中のthe manという「人」を説明し、説明されるthe manは②の目的語（him）になっています。このような場合は、目的語（him）を関係代名詞whomに置き換えて2つの文を1つにします。

①＋② Sally didn't like the man **whom** she met last night.
    サリーは昨夜会った男を好きではありませんでした。

ただし、この目的語を置き換える関係代名詞は省略できる、という特徴があります。このため、①＋②の文は

　　Sally didn't like the man she met last night.

ということもでき、会話ではこちらの方がよく使われます。

先行詞が「人」で、説明文の目的語になる場合の関係代名詞は
whom

所有しているものならwhose

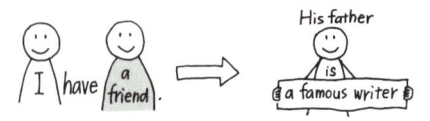

① I have **a friend**.
   私には友人がいます。

② **His father** is a famous writer.
   彼のお父さんは有名な作家です。

②はHis fatherという、①にある先行詞のa friendに属するもの（持っているもの）を説明しています。このように、先行詞が持っているものを説明する場合には、所有格（この文ではHis）を関係代名詞whoseに置き換えて2つの文を1つにします。

①+② I have a friend **whose** father is a famous writer.
   私にはお父さんが有名な作家である友人がいます。

whoseは先行詞が「人」の場合だけでなく、「もの」の場合にも使えます。

I live in a house **whose** kitchen is very modern.
私はキッチンがとても近代的な家に住んでいます。

説明文に先行詞の所有格（〜の）がある場合の関係代名詞は**whose**

「もの」が主語ならwhich

① George uses **a camera**.
   ジョージはカメラを使っています。

② **It** was given by his father.
   それは父親から貰ったものです。

②は①の中のa cameraという「もの」を説明し、a cameraは②の主語になっています。この場合は、関係代名詞whichを使って1つの文にします。

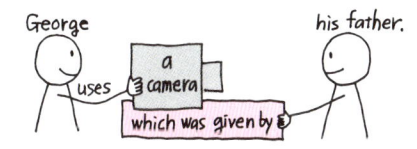

①+②　George uses a camera **which** was given by his father.
　　　　ジョージは父親から貰ったカメラを使っています。

> 先行詞が「もの」の場合の関係代名詞は **which**

whichは説明文の目的語を表すときにも使います。

① This is the dress.
　これがそのドレスです。

② My mother made it for me.
　母が私のためにそれを作ってくれました。

①+②　This is the dress **which** my mother made for me.
　　　これは母が私のために作ってくれたドレスです。

ただし、目的語を表す関係代名詞は省略できるため、会話では

　This is the dress my mother made for me.

の方がよく使われます。

181

thatはオールマイティー

ほとんどの場合に使えるとても便利な関係代名詞があります。それがthat。thatはwho、whom、whichの代わりに使える、ほとんどオールマイティーの関係代名詞なのです。

who、whom、whichの代わりにthatが使える

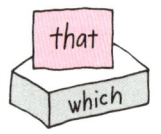

She is a composer **that (who)** writes beautiful pieces.
彼女は美しい曲を書く作曲家です。

They are the students **that (whom)** I teach English.
彼らは私が英語を教えている生徒です。

This is the computer **that (which)** he uses everyday.
これは彼が毎日使っているコンピューターです。

「(~する) もの」を表すwhat

「(~する) もの、(~する) こと」を表す関係代名詞**what**は、他の関係詞とは違い、すでにwhat自体の中に先行詞が含まれているため、先行詞がいりません。

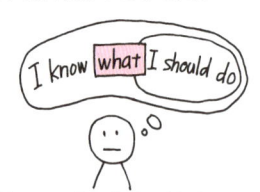

I know **what** I should do.
私は自分がするべきことを知っています。

Show me **what** you bought at the store.
あなたがその店で買ったものをみせてよ。

■ ダイアログ16　関係代名詞を使って話そう

Kaori	Do you have information on Broadway shows?
Receptionist	Yes, what would you like to see?
Kaori	I'd like to see a musical which has a lot of good songs.
Receptionist	Then, this is what I recommend. It was written by a young composer who is very talented.
Kaori	Good. I decide on that.
カオリ	ブロードウェイのショーについての情報はありますか？
フロント係	はい、何をご覧になりたいのですか？
カオリ	良い歌がたくさんあるミュージカルが観たいのですが。
フロント係	それなら、これがお薦めです。 とても才能のある若い作曲家が書いたものですよ。
カオリ	いいですね。それに決めます。

単語・熟語
information on ~: ~に関する情報　　recommend: 推薦する
composer: 作曲家　　　　　　　　　decide on ~: ~に決める

この表現を覚えよう！

● **I'd like to see a musical which has a lot of good songs.**
良い歌がたくさんあるミュージカルが観たいのですが。
関係代名詞を使った文。which以下はa musicalを説明しています。

● **Then, this is what I recommend.　それなら、これがお薦めです。**
whatは先行詞のいらない関係代名詞で、「(私が推薦する) もの」を表しています。

● **It was written by a young composer who is very talented.**
とても才能のある若い作曲家が書いたものですよ。
関係代名詞のwho以下はa young composerを説明しています。

LESSON 2 誰かのセリフを伝えよう

誰かが言ったこと、考えていること、知っていることなどを人に伝えるときには、thatを使って2つの文をつなぎ、その内容を説明します。

Ruth **says that** she is healthy.	ルースは、自分は健康だと言っています。
I **told** Tom **that** he should stop smoking.	私はトムに、タバコはやめるべきだと言いました。
Mark **knows that** Judie likes him.	マークは、ジュディが自分のことを好きだと知っています。

「〜ということを」を表すthat

① Chris says.
　クリスは言います。

② He is going to be a singer.
　彼は歌手になるつもりです。

②は①の内容（伝達文）になっています。このような場合は、「〜ということを」を表すthatを使って2つの文をつなぎ、「〜と言っている」という文をつくることができます。

①+② Chris says + **that** + he is going to be a singer.
　　　クリスは歌手になるといっています。

〈tell ＋ 人〉の文も、同じようにthatを使ってその内容を説明できます。

① Cathy always tells me.
　キャシーはいつも私に言います。

② Her boyfriend is good-looking.
　彼女のボーイフレンドはハンサムです。

①+② Cathy always **tells me that** her boyfriend is good-looking.
　　　キャシーはいつも私に、自分のボーイフレンドはハンサムだ、と言います。

誰かのセリフを伝えるとき：say ＋ that ＋ 伝達文
　　　　　　　　　　　　　　　tell ＋ 人 ＋ that ＋ 伝達文

このthatは省略することもできます。

「〜ということを」を表すthatを使ってその内容を説明できる動詞としては、say、tellの他に、think、know、feelなどがよく使われます。

My parents **think that** I'm still a child.
　　　　　　　両親は私がまだ子供だと思っています。
I **know that** Dan is sick.
　　　　　　　私はダンが病気だということを知っています。

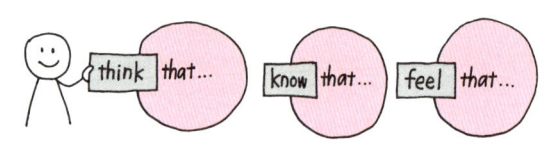

I **feel that** something is wrong.　何かがおかしいような気がします。

「時」の一致

「〜ということを」を表すthatで結ばれた文では、thatの前に置かれる動詞が過去形のとき、that以下の伝達文（that節）の中の動詞もそれに合わせて過去形になります。

現在形　Bill **says** that he **is** rich.
　　　　ビルは、自分は金持ちだと
　　　　言っています。
　　　　　　↓
過去形　Bill **said** that he **was** rich.
　　　　ビルは、自分は金持ちだと
　　　　言いました。
現在形　I **know** that Sandy **wants** to be an actress.
　　　　私はサンディが女優になりたがっていることを知っています。
　　　　　　↓
過去形　I **knew** that Sandy **wanted** to be an actress.
　　　　私はサンディが女優になりたがっていることを知っていました。

■ ダイアログ17 「〜ということを」のthatを使って話そう

Kaori	Have you seen the show?
Receptionist	No, but my friends saw it.
	They said it was great.
Kaori	How can I buy the tickets?
	I heard that sometimes it's difficult to get them.
Receptionist	Yes, I think the best way is to go directly to the theater.
Kaori	I see. I'll do that.
カオリ	あなたはそのショーを観たのですか？
フロント係	いいえ、でも私の友人が観ました。
	すばらしかった、と言っていましたよ。
カオリ	チケットはどうやって買うのですか？
	手に入れるのが難しいこともある、と聞きましたが。
フロント係	ええ、いちばんよい方法は、
	直接劇場に行くことだと思いますよ。
カオリ	わかりました。そうします。

単語・熟語
great: すばらしい　　　　　　　　sometimes: 時には、ときどき
the best way: 最もよい方法　　　directly: 直接

この表現を覚えよう！

● **They said it was great.**　すばらしかった、と言っていましたよ。
They said の後にthatが省略されています。

● **How can I buy the tickets?**　チケットはどうやって買うのですか？
How can I 〜 は、「どうしたら〜できますか？」。

● **I heard that sometimes it is difficult to get them.**
手に入れるのが難しいこともある、と聞きましたが。
hear that 〜 は、「〜と聞いている」。動詞はheardで過去形ですが、「手に入れることが難しい」という状態は現在も続いていると思われるため、that以下の伝達文は現在形(it is difficult)になっています。

LESSON 3 「〜するとき」は when

whenは「いつ？」という意味の疑問詞として前に登場しましたが、ここでは2つの文をつないで「〜するとき」を表すwhenの使い方を説明します。

I was very surprised **when** I heard the news.	その知らせを聞いたとき、私はとても驚きました。
When Charles first met Lucy, she was ten years old.	チャールズが初めてルーシーに会ったとき、彼女は10歳でした。

「〜するとき」を表すwhen

「〜するとき…だ」、「〜したとき…だった」のように、同時に起きる2つのことを言うときには、2つの文をwhenでつないで1つにすることができます。

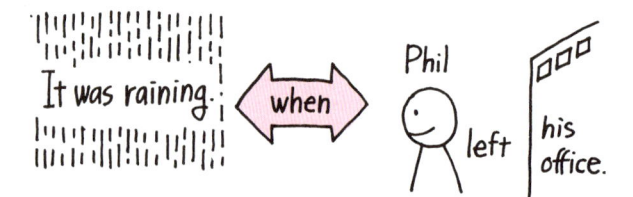

① It was raining.　　　＋ when　② Phil left his office.
　雨が降っていました。　〜したとき　　フィルは会社をでました。

①＋②　It was raining **when** Phil left his office.
　　　　フィルが会社を出たとき、雨が降っていました。

同じやり方で、もうひとつ文をつくってみましょう。

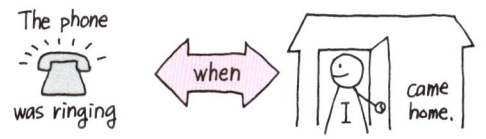

① The phone was ringing.　＋ when　② I came home.
　 電話が鳴っていた。　　　　〜したとき　　私は帰宅しました。

①＋②　The phone was ringing **when** I came home.
　　　　私が帰宅したとき、電話が鳴っていました。

「〜するとき」、「〜したとき」の文では、中心になる節（主節）とwhenで始まる節（従属節）を入れ替えても同じ意味になります。

When Phil left his office,
it was raining.

When I came home, the phone
was ringing.

　whenで始まる節を前に置いたときは、主節との間に「,（コンマ）」を入れます。

LESSON 4 「もし〜だったら」はifで

「もし〜だったら」という仮定の話をするときには、ifを使って2つの文をつなぎます。

If you are tired, you can stay home.	疲れているのなら、君は家にいていいよ。
I'll go to the party **if** you come with me.	君が一緒に来てくれるなら、僕はパーティーに行くよ。

「もし〜」の仮定はif

「もし〜ならば」と仮定するときは、文の頭にifをつけてif節をつくります。ifを含む文では、その仮定のもとで起きることが主節に、ifで始まる節が従属節になります。

She will be famous **if** she wins the gold medal.
主節　　　　　　　　　　　従属節（if節）

金メダルをとったら、彼女は有名になるよ。

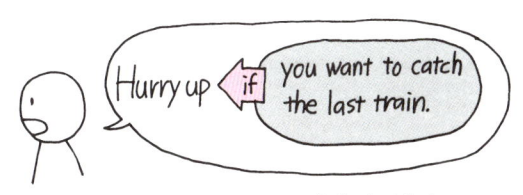

Hurry up **if** you want to catch the last train.
終電に乗りたいのなら急ぎなさい。

「もし〜ならば」を表すif節は未来形にはなりません。このため、左ページの文を以下のようにするのは誤りです。

× She will be famous **if** she will win the gold medal.

if節は文のはじめに置くこともできます。

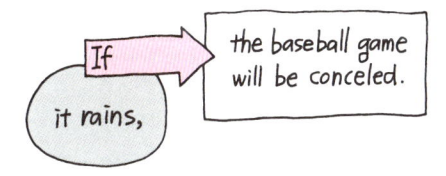

If it rains, the baseball game will be canceled.
雨が降ったら野球の試合は中止になります。

If you are in trouble, I'll help you.
君が困っているのなら、手助けするよ。

REVIEW 2つの文をつないで話そう

　この章では、2つの文をつなぐ「接着剤」の働きをする単語をたくさん紹介しました。ここで、もう一度その使い方を復習しましょう。

「人」を説明するのは who
　　He is the doctor **who** saved my sister.
　　彼は私の妹を救った医者です。

「もの」を説明するのは which
　　This is the painting **which** I bought in Paris.
　　これは私がパリで買った絵です。

「人」にも「もの」にも使えるのは that
　　He is a lawyer **that** graduated from Harvard.
　　彼はハーバード大学を卒業した弁護士です。

　　We saw a sculpture **that** was made of ice.
　　私たちは氷でできた彫刻を見ました。

「～もの（～こと）」は what
　　Tell me **what** you **want** to do in Canada.
　　あなたがカナダでやりたいことを教えてください。

誰かが言ったことを伝えるときは that
　　Richard said **that** he loved Julie.
　　リチャードは、ジュリーを愛していると言いました。

「～するとき」は when
　　Be sure to lock the door **when** you go out.
　　出かけるときは必ず玄関のカギを閉めるのよ。

「もし～ならば」は if
　　We can't do barbecue **if** it rains.
　　雨が降ったらバーベキューはできないよ。

■ ダイアログ18　when、ifを使って話そう

Receptionist	Is there anything else I can do for you?
Kaori	Well, do you know any good restaurants around here?
Receptionist	If you like Italian foods, there is a very good one.
Kaori	I'd like to try the restaurant if it's not very expensive.
Receptionist	Their prices are reasonable.
	And when you dine there, don't miss dessert.
	They serve delicious cake and ice cream.
Kaori	Great. Thank you.

フロント係	何か他にご用はありますか？
カオリ	そうですね、この近くにあるよいレストランを知っていますか？
フロント係	イタリア料理がお好きでしたら、とてもよいところがありますよ。
カオリ	あまり高くないのであれば、そのレストランに行ってみたいわ。
フロント係	値段は手頃です。そこで食事をするときには、デザートをお忘れなく。おいしいケーキとアイスクリームがありますよ。
カオリ	いいですね。ありがとう。

単語
try: 試す　　expensive: 高価な　　reasonable: 手頃な、妥当な
dine: 食事をする　　　miss:（機会を）逃す
serve:（料理や飲み物を）出す

この表現を覚えよう！

● **Is there anything else I can do for you?**
何か他にご用はありますか？

anything elseは「他の何か」。I can do for youの前に関係代名詞のwhich（またはthat）が省略されています。

Column 7 　世間話で使えるひと言②

とにかく使い倒せるフレーズといえば、とっさの短い返答。会話の影の盛り上げ役になるあいづち表現などを覚えましょう。

あいづち

Yeah. ふんふん。
Uh-huh. うんうん。
I see. なるほど。
Maybe. たぶんね。
Come on! またまた!
I understand. 了解。

驚きを表す

Really?
本当?

You must be kidding!
冗談でしょ!

Incredible!
信じられない!

Oh my God!
何てこと!

肯定する／聞き直す

Exactly. そのとおり。
Of course. もちろん。
You're right.
そのとおり。

Say that again?
何ですって?

Pardon?
えっ?

> もう少し丁寧に聞き直すなら Excuse me?

自分の感想

Interesting!
面白そう!

Cool! かっこいい!
Terrible! ひどい!
That's awful! 最悪!
I'm sorry to hear that.
お気の毒に。

That's great!
すごい!

I like that.
それ、いいね。

> Facebook の「いいね!」は英語で「Like!」です。

第8章

微妙なニュアンスもこれで話せる

LESSON 1 感覚を表現しよう

見る、聞く、触る、味わうなど、人間の感覚を言い表すときには、〈(look／sound／feelなどの知覚動詞) + 形容詞〉を使います。

You **look** very happy.	あなたはとても幸せそうに見えます。
His excuse **sounds** strange.	彼の弁解は変に聞こえます。
This flower **smells** good.	この花はいい香りがする。

感覚を表す動詞

視覚、聴覚、嗅覚、味覚、触覚という人の「五感」をいい表すときには、〈それぞれの感覚を表す動詞＋形容詞〉の表現を使います。感覚を表す動詞には次のものがあります。

- look 　〜のように見える
- sound 　〜のように聞こえる
- smell 　〜のにおいがする
- taste 　〜の味がする
- feel 　〜の感じがする

第8章 ● 微妙なニュアンスもこれで話せる

George **looks** tired.
ジョージは疲れているように見えます。

Her idea **sounds** interesting.
彼女のアイディアは面白そうだ。

It **smells** good.
What are you cooking?
いいにおいだね。何をつくっているの？

These sandwiches **taste** good.
このサンドイッチ、おいしいな。

This sweater **feels** soft.
このセーターは触ると柔らかいね。

You look nice.（カッコイイわよ）、That sounds fun.（面白そうだね）、など、〈感覚を表す動詞＋形容詞〉の文は会話の中でよく使われます。便利な表現なので、パターンとして覚えておきましょう。

It looks (sounds ／ smells ...) like の後に主語と動詞のある節を置いて、「～のように見える（聞こえる／におう…）」の文をつくることもできます。

It **looks like** this computer is broken.
このコンピューターは壊れているようです。

It **sounds like** he is telling a lie.
彼はウソをついているように聞こえます。

It **smells like** she is baking cake.
彼女がケーキを焼いているようなにおいがします。

LESSON 2 頻度と可能性を表現しよう

ここでは、頻度と可能性を表す様々な単語を覚えましょう。

I **always** get up early in the morning.	私はいつも早起きします。
I **never** get up early in the morning.	私は決して早起きはしません。
Will you go to the concert?	あなたはコンサートに行きますか？
– **Sure**.	もちろんです。
– **Maybe**.	たぶん行きます。
– **Maybe not**.	たぶん行きません。

頻度を表す単語

I **always** go to work by car.
私はいつも車で仕事に行きます。

I **never** go to work by car.
私は決して車では仕事に行きません。

always ~ は「いつも~する」、never ~ は「決して~しない」という意味です。頻度を表す単語には、この2つの間に次のようなものがあります。

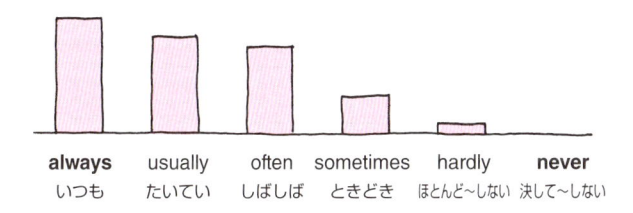

always	usually	often	sometimes	hardly	**never**
いつも	たいてい	しばしば	ときどき	ほとんど〜しない	決して〜しない

可能性を表す単語

Will you come to the party?（パーティーに出席しますか？）と聞かれたら、基本的には、

- Yes, I will.（はい、出席します。）
 / No, I won't.（いいえ、出席しません。）

と答えればいいのですが、いろいろな場合がありますね。未来の可能性を表現するには、次のような単語を使います。

	maybe			
sure	probably			
certainly	likely	possible	unlikely	impossible
確かに	たぶん	ありうる	ありそうにない	ありえない

これらの単語を使えば、Yes／No以外の答え方ができます。

Will you come to the party?
- **Sure**. もちろん。
- **Maybe**. たぶん出席します。
- **Maybe not**. たぶん出席しません。

likely ↔ unlikely、possible ↔ impossibleを使うと、次のような文をつくることができます。

She is **likely (unlikely)** to accept his proposal.
彼女は彼のプロポーズを受け入れそうだ
（受け入れそうにない）。
It is **possible (impossible)** for him to marry her.
彼が彼女と結婚することはありうる（ありえない）。

LESSON 3 驚いたときの感嘆文

　何かに驚いて「なんて〜なんだろう！」というのが感嘆文。感嘆文にはWhatで始まるものとHowで始まるものの2種類があります。

What a pretty girl she is!	彼女はなんてかわいい女の子なのだろう！
How pretty she is!	彼女はなんてかわいいのだろう！

Whatで始まる感嘆文

　Whatで始まる感嘆文は、人、もの、動物など、名詞に対して驚いたときに使います。

　次の文を感嘆文にしてみましょう。

　　She is a very pretty girl.　　彼女はとてもかわいい少女です。

① まず、この文を主語＋動詞（she is）、とそれ以降の部分に分けて前後を入れ替えます。

　　A very pretty girl she is.

② 次に、veryを感嘆文のWhatに代えて文頭に置きます。

　　What a pretty girl she is.

③ 文末のピリオドを感嘆符（！）に代えると感嘆文のできあがり。
　　What a pretty girl she is!
　　　　　　　　　　　彼女はなんてかわいい少女なのだろう！

このようにひとつずつ説明すると面倒なようですが、Whatで始まる感嘆文は、

> What ＋（a ＋）形容詞 ＋ 名詞 ＋ 主語 ＋ 動詞 ＋ !

という組立てになっています。

You wear a very gorgeous ring.　あなたはとても豪華な指輪をしていますね。

上のルールに従ってこの文を感嘆文にしましょう。

What a gorgeous ring you wear!　あなたはなんて豪華な指輪をしているのでしょう！

What a difficult question it is!　それはなんて難しい質問なのだろう！

What a smart boy he is!　彼はなんて賢い少年なのだろう！

What a nice watch you wear!　あなたはなんてステキな時計をしているのだろう！

感嘆文は、声に出して読み、そのリズムをとらえることができれば、自然に言えるようになります。

〈What ＋（a ＋）形容詞＋名詞〉だけでも感嘆文はできます。

What a busy man!
なんて忙しい男なのだろう！

What an expensive dress!
なんて高価なドレスなのでしょう！

Howで始まる感嘆文

Howで始まる感嘆文は、美しい／悲しい／速く／上手に、などの状態（形容詞や副詞）に対して驚いたときに使います。

次の文を感嘆文にしてみましょう。

Your mother cooks very well. あなたのお母さんは料理がとても上手ですね。

① まず、この文を〈主語＋動詞〉（Your mother cooks）、とそれ以降の部分に分けて前後を入れ替えます。

Very well your mother cooks.

② 次に、Veryを感嘆文のHowに代えます。

How well your mother cooks.

③ 文末のピリオドを感嘆符(!)に代えると感嘆文のできあがり。

How well your mother cooks!
あなたのお母さんはなんて料理が上手なのだろう！

Howで始まる感嘆文の組立ては、

How ＋ 形容詞または副詞 ＋ 主語 ＋ 動詞 ＋ !

となっています。

How lucky we are! 私たちはなんて幸運なのだろう！
How cold it is! なんて寒いのだろう！
How beautiful these flowers are!
この花はなんて美しいのだろう！

〈How ＋ 形容詞または副詞〉だけでも感嘆文はできます。

How wonderful! なんてすばらしいのだろう！
How pretty! なんてかわいいのだろう！

第8章 ● 微妙なニュアンスもこれで話せる

■ ダイアログ19　感嘆文を使って話そう

Kate	Hiroshi, we have a gift for you.
Hiroshi	Oh, thank you. What is it?
Kate	It's a picture we took at Mary's house the other day. We put it in a frame.
Hiroshi	What a wonderful gift this is! I'm very happy. I'd like to invite you to a Japanese restaurant in return.
Kate	How nice!
ケイト	ヒロシ、私たちからプレゼントがあるのよ。
ヒロシ	えっ、ありがとう。何かな？
ケイト	この間、メアリーの家で撮った写真よ。額に入れたの。
ヒロシ	なんてすばらしいプレゼントなんだろう！すごくうれしいよ。お礼に君たちを日本料理のレストランに招待したいのだけど。
ケイト	ステキ！

単語・熟語
the other day: 先日　　　frame: 額縁　　　in return: お返しに

この表現を覚えよう！

● **It's a picture we took at Mary's house the other day.**
この間、メアリーの家で撮った写真よ。
It's a picture の後に関係代名詞which (that) が省略されています。
take a picture は「写真を撮る」の意味。

● **What a wonderful gift this is!**
なんてすばらしいプレゼントなんだろう！
How で始まる感嘆文に言い換えて、How wonderful this gift is! ということもできます。

203

LESSON 4 some-, any-, every-, no- の単語

「誰か」、「何か」、「どこか」などを指す代名詞は、肯定、否定、疑問など、文によって使い分けることが必要です。英語らしい表現ができる便利な単語なので、覚えて使いこなしましょう。

I know **something** about the accident.	私はその事故について知っていることがあります。
Do you know **anything** about the accident?	あなたはその事故について何か知っていますか？
Everyone knows about the accident.	誰もがその事故について知っています。
No one knows about the accident.	誰もその事故について知りません。

「人」を指すのは -body と -one

There is **somebody** at the door.
玄関に誰かいるよ。

somebodyは「誰か」を表し、someoneも同じ意味です。このように、「人」を指す単語には -body または -one が使われます。

左の文を疑問文にすると、

> Is there **anybody** at the door?
> 玄関に誰かいるのかな？

となり、-bodyの前に置かれるものがsomeからanyになります。「いくらかの」を表すsomeは、疑問文や否定文ではanyになる原則はsomeやanyの後に-bodyがついても変わらないのです。

次に**-one**を使ってみましょう。

> **Everyone** likes the new car.
> みんながその新しい車を好きです。

Everyone ~は「みんなが~である」の意味です。この文をまったく逆の意味にするとどうなるでしょうか。「誰も~でない」というときにはNo oneを使います。

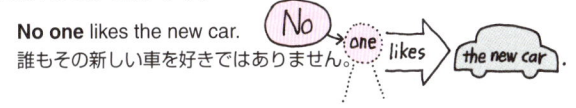

> **No one** likes the new car.
> 誰もその新しい車を好きではありません。

このように、every-とno-の単語は単数扱いとなり、動詞に-sがつきます。

「もの」を指すのは-thing

> I have **something** to tell you.
> 君に話があるんだ。

somethingは「何か」を表し、something to tell youを直訳すると、「君に話すための何か」となります。このように、「もの」を指す単語には、-thingが使われます。

前ページの文を疑問文にしてみましょう。

Do you have **anything** to tell me?
私に何か話があるの？

疑問文では「何か」がanythingになります。このルールは「人」を指すsomebody（someone）、anybody（anyone）と同じですね。

everythingは「何でも」、nothingはその逆で「何も〜でない」です。

I will do **everything** to help you.
あなたを手助けするためなら
何でもします。

There is **nothing** I can do to help him.
彼を手助けするために
私にできることは何もありません。

「場所」を指すのは -where

「どこか」という場所を指す単語、-whereの使い方を覚えましょう。
-whereの単語の使い方は、-body、-one、-thingの単語と同じです。

I want to go **somewhere** this weekend.
　　　今度の週末、どこかへ行きたいなあ。
Did you go **anywhere** last weekend?
　　　この前の週末、どこかへ行きましたか？
There were policemen **everywhere** on the street.
　　　通りのいたるところに警官がいました。
I worked hard, but got nowhere.
　　　私は懸命に働きましたが、何の成果も得られませんでした。
（get nowhereは、どこにも行き着かない＝何の成果も得られない）

■ ダイアログ20　some-、any-、every- の単語を使って話そう

John	Have you got any souvenir for your family?
Hiroshi	Not yet. I'd like to buy something which has the taste of New York. Could you recommend anything?
John	I have a good idea. You've been taking pictures everywhere in New York. Buy a fine photo frame and put your best shot.
Hiroshi	That's nice. Just like your present. I'll give it to everybody in my family.

ジョン	家族へのおみやげは買ったの？
ヒロシ	まだなんだ。何かニューヨークらしいものを買いたいのだけど。 何か推薦してくれないかな？
ジョン	いい考えがあるよ。君はニューヨークのどこででも写真を撮っているよね。 きれいな写真立てを買って、いちばんいい写真を入れるんだ。
ヒロシ	それはいい。ちょうど君たちからのプレゼントのようにね。 家族みんなにそれをあげることにするよ。

単語
souvenir: おみやげ　　recommend: 推薦する　　shot: 写真

この表現を覚えよう！

● **Not yet.**　まだなんだ。
　I have **not** got it **yet**. を省略して答えています。

● **I'd like to buy something which has the taste of New York.**　何かニューヨークらしいものを買いたいのだけど。
　taste には「味、味覚」の他に「趣き、風情」の意味があります。

● **Just like your present.**
　ちょうど君たちからのプレゼントのようにね。
　just like ~ は、「ちょうど~のように」の意味です。

Column 8　グリーティングカードの書き方

誕生日、クリスマス、お祝いなどに送りたいグリーティングカード。定型文を使えば簡単にメッセージが作れます。

クリスマス

Wish you merry Christmas and happy New Year!
（素晴らしいクリスマスと新年を過ごせますように!）

誕生日

Happy Birthday!
（お誕生日おめでとう!）

Wish you have a great day.
（素敵な一日になりますように）

Big hug from me!
（ハグを贈ります!）

誕生日カードをもらった時は、Thank you for your wishes.（心遣いをありがとう）とメールで返事を。

お祝い

Congratulations on your wedding!
（ご結婚おめでとう!）

I couldn't be happier for you.
（私も最高にうれしいです）

祝祭日

Happy Thanksgiving!
（素敵な感謝祭をお過ごしください!）

バレンタインデー（Valentine's Day）や、母の日（Mother's Day）、父の日（Father's Day）なども、頭にHappyをつければメッセージは完成！

第9章

さあ、英語で話してみよう

1～8章のレッスンを通じて、
中学校で学んだ基本的な英語が
改めてマスターできたことと思います。
最後に、様々な状況の中でどのように
会話を進めていけばよいのか、
海外旅行の場面を中心に、
実践的な英語の使い方を紹介します。

1 Immigration
入国審査

Immigration Officer	Passport and immigration form, please.
	How long will you be staying in the United States?
Hiroshi	Two weeks.
Officer	What is the nature of your visit?
Hiroshi	Business.
Officer	Where will you be staying?
Hiroshi	I'll stay in New York.
Officer	Do you have any specific address?
Hiroshi	I'll stay at ABC Hotel in Manhattan.
Officer	OK.

入国管理官	パスポートと入国票をお願いします。
	アメリカにはどれぐらい滞在する予定ですか？
ヒロシ	2週間です。
管理官	訪問の目的は何ですか？
ヒロシ	商用です。
管理官	どこに滞在するのですか？
ヒロシ	ニューヨークです。
管理官	特定の住所はありますか？
ヒロシ	マンハッタンのABCホテルに滞在します。
管理官	結構です。

この表現を覚えよう！

● **What is the nature of your visit? － Business.**
商用以外には、Sightseeing.（観光です）、Holiday.（休暇です）などの答え方があります。

② Baggage Claim
荷物受け取り

Hiroshi   Excuse me, I can't find my baggage.
Agent   What is your baggage?
Hiroshi It's a large suitcase and the color is dark blue.
             Here is my claim tag.
Agent   Just a moment, I'll check it on computer.
             Well, your baggage is still in Chicago.
Hiroshi Please arrange to send it here immediately.
Agent   Yes, it will come in the next flight.
             We'll deliver it to your hotel as soon as it arrives.

ヒロシ   すみません、荷物が見つからないのですが。
係員   荷物は何ですか？
ヒロシ   大型のスーツケースで、色は紺色です。
         これが引換証です。
係員   しばらくお待ちください、コンピューターで調べます。
         あっ、あなたの荷物はまだシカゴにありますね。
ヒロシ   すぐにここに送るよう手配してください。
係員   はい、次の便で届きます。
         到着したら、すぐにホテルにお届けします。

この表現を覚えよう！

● **We'll deliver it to your hotel as soon as it arrives.**

as soon as ~ は、「~したらすぐに」の意味。

Please repair this suitcase as soon as possible.

このスーツケースをできるだけ早く修理してください。

3 Hotel (1)
ホテルで (1)

Hiroshi	Hello, I have a reservation.
	My name is Hiroshi Kato.
Receptionist	Just a moment.
	Yes, you have reserved a single room, Mr. Kato.
	And you will check out on Sunday, September 17.
Hiroshi	That's right. I would like a non-smoking room.
Receptionist	Certainly. How would you like to pay?
Hiroshi	I'll use this credit card.
Receptionist	All right, here's your key. Enjoy your stay.

ヒロシ	こんにちは。予約しているのですが。
	カトウ・ヒロシです。
フロント係	しばらくお待ちください。
	はい、カトウ様、シングルルームをご予約ですね。
	そしてチェックアウトは9月17日、日曜日ですね。
ヒロシ	そうです。禁煙の部屋にしてほしいのですが。
フロント係	かしこまりました。お支払いはどうなさいますか？
ヒロシ	このクレジットカードを使います。
フロント係	結構です、こちらがカギになります。楽しいご滞在を。

この表現を覚えよう！

● **I have a reservation.**

have a reservation は「予約をしている」。

I have a reservation at 7 o'clock. （レストランなどで）7時に予約しています。

4 Hotel（2）
ホテルで（2）

Hiroshi	Excuse me, I'll check out tomorrow. Could you bring my luggage down to the lobby tomorrow morning?
Receptionist	Sure, what time are you leaving?
Hiroshi	About 9 o'clock.
Receptionist	Then, we'll come to pick it up by quarter to nine.
Hiroshi	Fine. Could you make my bill ready tonight?
Receptionist	Yes, it will be delivered to your room tonight.
Hiroshi	How long does it take from here to the airport?
Receptionist	It will take about 30 minutes by taxi.

ヒロシ	すみません、明日チェックアウトするのですが。明日の朝、私の荷物をロビーまで運んでください。
フロント係	わかりました、何時にご出発ですか？
ヒロシ	9時頃です。
フロント係	それでは、9時15分前までに引き取りにうかがいます。
ヒロシ	結構です。今夜中に勘定書を用意していただけますか？
フロント係	はい、今夜中にお部屋にお届けします。
ヒロシ	ここから空港まではどれぐらいかかりますか？
フロント係	タクシーで30分ぐらいです。

この表現を覚えよう！

● **How long does it take from here to the airport?**

How long does it take ~ ? は、「～するにはどれぐらい時間がかかりますか？」という意味です。

How long does it take to drive from here to Kyoto?
ここから京都までは、車でどれぐらいかかりますか？

5 Calling a Friend
友達に電話をかける

Kaori	Hello, may I speak to Suzan, please?
Suzan's mother	She's not at home right now.
Kaori	This is Kaori calling.
	Could you tell her to call me back?
Suzan's mother	All right, may I have your number?
Kaori	I'm staying in Park Hotel.
	The number is 221-3344.
Suzan's mother	OK, I'll tell her to call you when she's back.
Kaori	Thank you. Good-bye.

カオリ	もしもし、スーザンはいますか？
スーザンの母親	今、家にいないのですが。
カオリ	こちらはカオリです。
	私に電話をくれるように伝えていただけますか？
スーザンの母親	わかりました、あなたの電話番号を教えてください。
カオリ	パークホテルに泊まっています。
	番号は221-3344です。
スーザンの母親	はい、帰ってきたら電話するように伝えます。
カオリ	ありがとうございます。さようなら。

この表現を覚えよう！

● **Hello, may I speak to Suzan, please?**

May I speak to ~, please? は電話で「~さんはいますか？」というときの表現です。

● **This is Kaori calling.**

電話で自分の名前を言うときには、This is ~. と言います。

● **Could you tell her to call me back?**

call back は「電話をかけ直す」の意味です。「こちらからかけ直します」は I'll call you back. となります。

第9章 ● さあ、英語で話してみよう

⑥ Calling for Business
仕事の電話をかける

Secretary	ABC Company.
Hiroshi	Could I speak to Mr. Adams, please?
Secretary	I'm sorry, he is on another line right now.
	Would you like to hold or should I take a message?
Hiroshi	This is Kato of XYZ Corporation.
	Please tell him that I called.
Secretary	Could you spell your name, please?
Hiroshi	K-A-T-O, Kato.
Secretary	All right, Mr. Kato. I'll tell him you called.
Hiroshi	Thank you. Good-bye.

秘書	ABCカンパニーです。
ヒロシ	アダムスさんお願いします。
秘書	すみませんが、いまは他の電話に出ております。
	お待ちになりますか、それとも伝言をお聞きしましょうか？
ヒロシ	こちらはXYZコーポレーションのカトウです。
	電話があったことをお伝えください。
秘書	お名前のスペルを教えてください。
ヒロシ	K-A-T-O、カトウです。
秘書	わかりました、カトウ様。お電話があったことを伝えておきます。
ヒロシ	ありがとう。さようなら。

この表現を覚えよう！

● **I'm sorry, he is on another line right now.**

be on another lineは、「他の電話に出ている」の意味です。

● **Would you like to hold or should I take a message?**

holdは「（電話を切らないで）待つ」。「このままお待ちください」は、Hold on, please.と言います。take a message は、「メッセージを受ける」の意味です。

215

7. Buying a Theater Ticket
劇場のチケットを買う

Box office	May I help you?
Ken	I'd like to buy the tickets for "The Musical".
Box office	OK, what day?
Ken	Thursday, February 19th.
Box office	Evening or matinee?
Ken	Evening.
Box office	How many?
Ken	Two.
Box office	We have seats in Orchestra, Mezzanine and Second Floor.
Ken	Orchestra, please.
Box office	All right.

窓口	いらっしゃいませ。
ケン	「ザ・ミュージカル」のチケットが買いたいのですが。
窓口	はい、何日でしょうか？
ケン	2月19日、木曜日です。
窓口	夜の公演ですか、昼間の公演ですか？
ケン	夜です。
窓口	何枚ですか？
ケン	2枚です。
窓口	1階、中2階、2階の席があります。
ケン	1階席をお願いします。
窓口	わかりました。

この表現を覚えよう！

単語

matinee: マチネー（昼の公演）　　orchestra: 劇場1階前部の席
mezzanine: 劇場2階の前部数列の席

第9章 ● さあ、英語で話してみよう

Asking Directions (1)
道をたずねる (1)

Kaori　Excuse me, may I ask you directions?
A lady　Sure, where do you want to go?
Kaori　Grand Central.
A lady　OK, go straight and turn right at the second corner.
　　　　　It's at the end of the street.
Kaori　Thank you.
A lady　You're welcome.

カオリ　すみません、道を教えてもらえますか？
女性　　ええ、どこへ行きたいのですか？
カオリ　グランドセントラル駅です。
女性　　それなら、まっすぐ行って2番めの角を右に曲がってください。
　　　　　　通りの突き当たりにありますよ。
カオリ　どうもありがとう。
女性　　どういたしまして。

この表現を覚えよう！

● **Excuse me, may I ask you directions?**

　ask directions は「道をたずねる」。

熟語

go straight: まっすぐ行く　　　　　　turn right at ~ : ~を右に曲がる
at the end of ~ : ~の突き当たり

217

道順を説明する

まっすぐ行く、左右に曲がる、何かを通り過ぎる…。人に道を教えるときには、様々な表現があります。旅先で道を聞けるように、また外国人に道を聞かれても焦らないように、基本的な表現を覚えておきましょう。

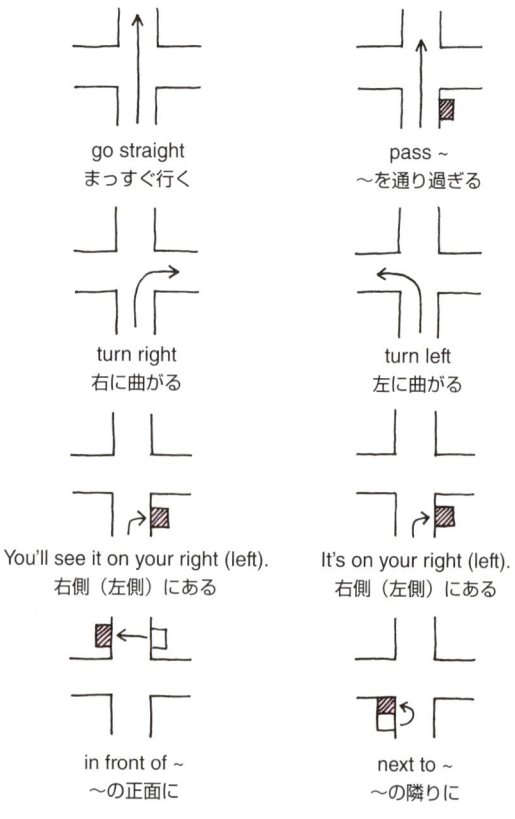

go straight
まっすぐ行く

pass ~
~を通り過ぎる

turn right
右に曲がる

turn left
左に曲がる

You'll see it on your right (left).
右側（左側）にある

It's on your right (left).
右側（左側）にある

in front of ~
~の正面に

next to ~
~の隣に

第9章 ● さあ、英語で話してみよう

9 Asking Directions (2)
道をたずねる (2)

Hiroshi	Hello, this is Hiroshi.
	I'm on my way to your house, but I think I'm lost.
Mary	Oh, where are you now?
Hiroshi	I'm in front of the supermarket on Howard Street.
Mary	You went too far.
	Go back along the street and turn left at the post office.
	Then, you'll see a little church on your right.
	Our house is next to the church.
Hiroshi	I get it.

ヒロシ	もしもし、ヒロシです。
	君の家に行く途中なんだけど、道に迷ってしまったみたいなんだ。
メアリー	あら、いまどこにいるの？
ヒロシ	ハワード・ストリートにあるスーパーの前だよ。
メアリー	行き過ぎだわ。
	その通りを戻って、郵便局のところを左に曲がって。
	そうしたら、右側に小さな教会があるの。
	私たちの家はその教会の隣よ。
ヒロシ	わかったよ。

この表現を覚えよう！

● **I'm on my way to your house, but I think I'm lost.**

on one's way は「(〜に) 行く途中」。

> He was on his way home when he saw the accident.
> 彼は帰宅する途中で事故を目撃した。

I'm lost. は「道に迷った」。

熟語

go too far: 行き過ぎる

Shopping (1)
買い物をする (1)

Salesperson	Hello, may I help you?
Kaori	Yes, I'm looking for a pantsuit.
Salesperson	How about this? It's our latest design.
Kaori	It looks nice. May I try it on?
Salesperson	Sure, what size do you wear?
Kaori	I think my size is 38.

店員	いらっしゃいませ。何をお探しですか？
カオリ	パンツスーツを探しているのですが。
店員	こちらはいかがですか？最新のデザインですよ。
カオリ	ステキですね。試着してもいいですか？
店員	もちろんです、サイズはいくつですか？
カオリ	38だと思います。

この表現を覚えよう！

● **Hello, may I help you?**

店員が客に話しかけるときの表現です。特に目的がない場合は、I'm just looking.（見ているだけです）と答えましょう。

● **How about this?**

How about ~ ? は、「~はどうですか？」と提案するときの表現です。

　How about having lunch outdoors?
　外で昼食をとるのはどうですか？

● **May I try it on?**

洋服、アクセサリー、帽子など、身に着けるものを試着したいときの表現です。

Shopping (2)
買い物をする (2)

Salesperson	How is it?
Kaori	I think the pants are a little too long. Will you alter them?
Salesperson	Yes, we can shorten them.
Kaori	How long does it take?
Salesperson	They will be ready on Friday.
Kaori	Fine. I'll take this.
Salesperson	How would you like to pay?
Kaori	Do you accept this credit card?
Salesperson	Yes, please come to the cashier.

店員	いかがですか？
カオリ	パンツが少し長すぎると思うのですが。直してもらえますか？
店員	はい、短くできますよ。
カオリ	どれぐらいかかりますか？
店員	金曜日にできます。
カオリ	わかりました。これをいただきます。
店員	お支払い方法はどうなさいますか？
カオリ	このクレジットカードは使えますか？
店員	はい、レジまで来てください。

この表現を覚えよう！

● **How is it?**
　How do you like it? も同じ意味です。

● **I think the pants are a little too long.**
　pants（パンツ）、trousers（ズボン）は複数扱いです。
　too ~ は「～すぎる」。洋服については、too short（短すぎる）、too tight（きつすぎる）、too loose（ゆるすぎる）などの表現もできます。

12 Restaurant
レストランで

Waiter	Have you decided?
Hiroshi	Well, I would like to have some fish.
	Is there anything you can recommend?
Waiter	We have a very fresh sea bass today.
Hiroshi	How do you cook it?
Waiter	You can have it grilled or steamed.
	It's very good with lemon or melted butter.
Hiroshi	Sounds good. I'll have grilled sea bass.
	Will you bring me the wine list?
Waiter	Certainly.
ウェイター	お決まりですか？
ヒロシ	そうですね、魚を食べたいのですが。
	何かお薦めはありますか？
ウェイター	今日はとても新鮮なスズキがありますよ。
ヒロシ	どうやって調理するのですか？
ウェイター	グリルで焼くか、蒸すかですね。
	レモンか溶かしバターをかけると、とてもおいしいですよ。
ヒロシ	おいしそうですね。スズキのグリルをいただきます。
	ワインリストを見せてください。
ウェイター	かしこまりました。

この表現を覚えよう！

● **Have you decided?**
レストランで注文を聞かれるときの表現です。まだ決まっていないときは、We need a little more time.（もう少し待ってください）と言います。

● **Is there anything you can recommend?**
店員に意見を求めるときの表現。レストランで注文するときにも、買い物のときにも使えます。

第9章 ● さあ、英語で話してみよう

Clinic
診療所で

Doctor	How are you?
Kaori	I feel chilly and have a little fever.
Doctor	Since when?
Kaori	Since last night. And I have a stomachache, too.
Doctor	Open your mouth ... well, I think you have the flu. I'll give you a prescription.
Kaori	How long does it take to get well?
Doctor	Just a few days if you rest well.

医師	どうしましたか？
カオリ	寒気がして、少し熱があるのですが。
医師	いつからですか？
カオリ	ゆうべからです。それから、胃も痛みます。
医師	口を開けてください…どうもインフルエンザのようですね。処方箋を出しましょう。
カオリ	どれぐらいで良くなりますか？
医師	十分に休息をとれば、2、3日ですよ。

この表現を覚えよう！

● **Since when?**

since は「〜以来」の意味です。

● **I have a stomachache, too.**

「頭痛がします」は I have a headache.「歯が痛みます」は I have a toothache. と言います。

著者／井口紀子（いぐち のりこ）
ライター、翻訳家。アメリカ、カナダでの生活経験をもとに、日常生活に役立つ英会話、英文ライティングのノウハウなど、異文化コミュニケーションに関する執筆活動を続けている。著書に『とっさの言いまわし 日常英会話辞典』『英会話 気持ちを伝える表現辞典』（ともに、永岡書店）、『1から出直し 書き込み式英語Book』（成美堂出版）などがある。

イラスト／辰神将史
執筆協力／屋代菜海
編　集／有限会社テクスタイド

目で見て、誰でもすぐにわかる！
中学英語でかんたん英会話

著　者／井口紀子
発行者／永岡修一
発行所／株式会社永岡書店
　　　　〒176-8518 東京都練馬区豊玉上1-7-14
　　　　電話：03-3992-5155（代表）　03-3992-7191（編集）
印　刷／精文堂印刷
製　本／コモンズデザイン・ネットワーク

本書の無断複写・複製・転載を禁じます。
落丁本・乱丁本はお取り替えいたします。②

ISBN978-4-522-43234-1 C0082